1판 1쇄 발행 2010년 11월 24일 | **1판 8쇄 발행** 2019년 5월 20일
2판 1쇄 발행 2021년 6월 30일 | **2판 2쇄 발행** 2022년 5월 27일
글쓴이 최영민 | **그린이** 오성봉
펴낸이 홍석 | **이사** 홍성우 | **편집부장** 이정은
편집 조웅연, 박고은, 이은경 | **디자인** 신영미, 서은경, 송태규, 박두레 | **마케팅** 이송희, 한유리, 이민재
관리 최우리, 김정선, 정원경, 홍보람, 조영행, 김지혜
펴낸곳 도서출판 풀빛 | **등록** 1979년 3월 6일 제 2021-000055호
주소 서울특별시 강서구 양천로 583 우림블루나인 A동 21층 2110호
전화 02-363-5995(영업) 02-362-8900(편집) | **팩스** 070-4275-0445
전자우편 kids@pulbit.co.kr | **홈페이지** www.pulbit.co.kr
블로그 blog.naver.com/pulbitbooks | **인스타그램** instagram.com/pulbitkids

ISBN 979-11-6172-369-3 74910
     979-11-6172-283-2 (세트)

ⓒ 최영민 2010, 2021

*책값은 뒤표지에 표시되어 있습니다.
*파본이나 잘못된 책은 구입하신 곳에서 바꿔드립니다.

품명 아동 도서　　**사용연령** 8세 이상
제조국 대한민국　　**제조년월** 2022년 5월 27일
제조자명 도서출판 풀빛　　**연락처** 02-363-5995
주소 서울특별시 강서구 양천로 583 우림블루나인 A동 21층 2110호
주의사항 종이에 베이거나 긁히지 않도록 조심하세요.
　　　　　　책 모서리가 날카로우니 던지거나 떨어뜨리지 마세요.
KC마크는 이 제품이 공통안전기준에 적합하였음을 의미합니다.

역사 토론,

누가 옳은가를 확인하기보다
문제가 무엇인지를 알아 가는 과정

'램지어', '김치'. 두 단어 앞에 #을 붙이면 2021년 초에 부각된 역사 논쟁을 알 수 있는 검색어가 됩니다.

'#램지어'는 미국 하버드대학의 램지어 교수가 일본군 '위안부'는 '자발적 계약에 의한 매춘성매매'이라고 주장하는 논문을 발표하면서 시작된 역사 논쟁을 말합니다. 논쟁의 쟁점은 한일 사이에 익숙한 것이나, 논쟁의 양상은 이전과 조금 달라 보입니다. 한국과 일본을 넘어 세계적 논쟁이 되고 있죠. 세계의 여러 학자가 램지어 교수의 논문에 담긴 주장과 근거를 반박하며, 램지어 교수가 학자로서 균형을 잃은, 친일 인사라는 문제까지 제기하면서 논문 철회를 주장하고 있습니다. 물론 램지어 교수를 지지하는 학자들도 있고요.

'#김치'는 한국을 대표하는 음식의 뿌리가 중국의 '파오차이'라는 주장이 나오면서 일어난 논쟁입니다. 김치의 기원을 둘러싼 이 역사 논쟁은 학자들이 아닌 주로 한국과 중국의 누리꾼들 사이에서 벌어지고 있습니다. 김치가 국제표준화기구ISO에서 표준 인증을 받은 파오차이 중 하나라는 주장

과, 소금에 절인 채소를 뜻하는 파오차이와 발효 식품인 김치는 전혀 다른 음식이라는 주장이 맞서고 있지요. 또 중국의 소수 민족 중 하나인 조선족의 전통 음식이니 당연히 중국 문화라는 익숙한 논리의 주장도 있습니다. 고구려 역사를 중국사라고 주장한 논리와 같이, 김치 논쟁이 '문화의 동북 공정'이란 말이 나옵니다.

이렇게 한국, 중국, 일본 동아시아 3국 사이에서 역사 논쟁은 계속되고 있습니다. 램지어나 김치 논쟁은 이 책이 다루고 있는 역사 논쟁의 연장선에 있습니다. 논쟁의 주체나 소재에서 약간의 변화가 있기는 하나, 크게 보면 과거의 쟁점이 다시 부딪치고 있습니다. 논쟁의 배후에 자국 중심주의가 똬리를 틀고 있는 점도 바뀌지 않았지요. 사람들의 이목을 끄는 역사 논쟁은 대개 그렇게 촉발되었습니다. 국가의 이익을 위해 역사를 이용하는 것이지요. 하지만 국가 이익을 앞세운 역사 이해는 왜곡된 역사 인식을 퍼트리고 주변국과 갈등을 일으킬 뿐입니다.

　세 나라가 단지 과거 사실의 이해 차이로 논쟁을 벌이는 것이 아니라, 자국 중심주의 태도로 역사를 이용하는 한 소모적인 역사 논쟁은 계속될 것입니다. 김치 논쟁 같은 다양한 변이도 나오겠지요. 이러한 논쟁으로는 역사를 통해 현재를 이해하는 안목을 키우기가 어렵습니다. 국가 간 이해관계가 얽혀 있는 문제들을 해결하기보다는 갈등이 더 커지게 만들 수도 있고요.

　단순히 역사 지식을 전달하는 것보다는 현실에서 벌어지는 역사 논쟁을 객관적으로 이해하고, 쟁점이 첨예하게 대립하는 토론을 바람직한 태도로 대하고 생각할 수 있게 하자는 취지로 《역사 논쟁》이 나온 지가 벌써 10년이 되었습니다. 이 목표가 제대로 이뤄졌는지는 자신할 수 없지만, 필요하고 적절한 기획이었다는 점은 그동안의 역사 논쟁을 통해 확인할 수 있었습니다. 그리고 이번에 같은 뜻을 담아 개정판을 펴내게 되었습니다.

　여러 면에서 부족한 책을 오랜 기간 동안 다양한 독자들이 읽어 주고 이

책이 역사와 논술 토론의 교재로도 쓰였다니, 복잡한 역사 논쟁의 현실을 합리적으로 이해하려는 독자들에게 작게나마 도움이 된 것 같아 작가로서 마음이 뿌듯합니다. 논쟁을 벌이는 대화 형식의 구조라 내용 이해가 어렵거나 혼란스러울 수도 있을 텐데, 끈기 있게 읽어 준 독자들에게 감사드립니다. 그리고 《역사 논쟁》이 생명력 있는 책이 되도록 애써 주신 풀빛 가족 여러분께도 감사의 마음을 전합니다.

최 영 민

차례

작가의 말 004

1장 고구려사, 한국사인가, 중국사인가?

역사 토론 대회가 열리다! 016 | 고구려는 중국의 작은 나라들 가운데 하나? 019
한국 팀, 고구려 역사를 뺏기다 027 | 고구려 역사는 지금의 중국 땅에 있다? 031
함께 정리해 보기 고구려 역사에 대한 한국과 중국의 쟁점 039

2장 고대 한반도에 일본 식민지가 있었다?

역사는 역사일 뿐 현재와 다른 것 044 | 어떻게 일본 편을 들지? 048
《일본서기》의 기록을 어떻게 봐야 할까? 051
일본은 광개토 대왕 비문의 내용을 조작했을까? 058
백제에서 일본으로 간 칠지도의 비밀 064 | '임나일본부'의 실체는? 068
함께 정리해 보기 임나일본부에 대한 한국과 일본의 쟁점 073

3장 일제 강점기 35년, 조선을 근대화하다?

한국의 발전은 일본의 지배 덕분? 078 | 토지 조사 사업은 농업을 근대화했나? 080

조선을 달리던 철도, 누굴 위한 것이었나? 087

'한강의 기적'은 일본의 지배 덕분이었다? 093

의도와 결과 중 역사 평가에서 어떤 게 더 중요할까? 097

함께 정리해 보기 일제 강점기 조선 근대화설에 대한 한국과 일본의 쟁점 101

4장 일본군 '위안부' 피해자 문제, 일본은 책임이 없나?

일본군 성 노예 전범 국제 법정을 가다 106 | 일본의 왕을 재판하다 110
'위안부' 모집 강제였나, 스스로 한 것이었나? 113
'위안부' 배상, 일본의 책임은 끝났나? 122 | 인권보다 나라 이익이 먼저일까? 129
함께 정리해 보기 일본군 '위안부' 피해자 책임에 대한 한국과 일본의 쟁점 133

5장 야스쿠니 신사 참배, 한국은 왜 반대하나?

한국 팀 할까, 일본 팀 할까? 138 | 야스쿠니 신사는 어떤 곳인가? 142
야스쿠니 신사, 일본 정부와 무관한가? 149
야스쿠니 신사에 왜 한국인이 있을까? 152 | 침략자와 애국자의 차이 155
함께 정리해 보기 야스쿠니 신사 참배에 대한 한국과 일본의 쟁점 159

6장 독도는 어느 나라의 땅인가?

한국이니까 무조건 옳은 건 아니다 164 | 한국 역사 기록에 독도는 없다? 167
안용복의 진술은 사실이 아닌가? 175 | 주인 없는 땅, 먼저 차지하는 나라가 임자! 180
해방 후 독도의 귀속 문제 186 | 국제 재판, 일본은 요구, 한국은 반대! 193
함께 정리해 보기 독도 영유권에 대한 한국과 일본의 쟁점 199

7장 동해인가, 일본해인가?

역사 토론은 우리가 옳다는 걸 확인하는 게 아니다! 204
동해는 어디의 동쪽 바다인가? 212 | 일본해라는 이름은 어떻게 정해졌나? 217
두 나라가 다투는 바다 이름, 어떻게 정해야 하나? 223
동해의 이름, 두 나라의 합의로 정해야 한다 228
함께 정리해 보기 동해 표기에 대한 한국과 일본의 쟁점 232

1장

고구려사,
한국사인가, 중국사인가?

주몽과 광개토 대왕의 나라로 잘 알려진 고구려! 고구려는 한국사일까, 중국사일까? 이 논쟁을 이해하려면 고구려를 세운 사람들이 어떤 사람들인지 그리고 고구려와 수나라, 고구려와 당나라 사이의 전쟁을 두고 한국과 중국이 어떻게 주장하는지를 살펴봐야 돼. 또 고려가 고구려를 계승했다는 한국의 주장을 중국이 어떻게 받아들이는지도 알아봐야 하지. 특히 과거 고구려의 땅은 지금은 중국 땅인데, 이것을 기준으로 고구려가 어느 나라의 역사인지를 정할 수 있는가에 대해서 잘 생각해 봐야 해.

한국 팀

고구려는 부여의 왕자였던 주몽이 세운 나라야. 부여는 한민족이 최초로 세운 나라 고조선을 이은 나라이지. 고구려 역사는 고려로 계승되었어. 그러니 당연히 고구려는 한민족의 역사야. 또 고구려가 중국의 수나라와 당나라의 침략을 물리친 것은 누구나 다 아는 사실이야. 고구려가 중국의 신하 나라라면 그러한 큰 전쟁이 가능하겠어? 그리고 중국은 동북공정 이전까지는 고구려를 자신들의 역사라고 생각한 적이 없어.

중국 팀

고구려를 세운 건 한민족의 선조가 아니라 중국의 고대 소수민족의 후손들이야. 예부터 중국에서는 황제에게 조공을 바치고 왕위를 인정받는 작은 나라를 제후국이라 했는데, 고구려는 그런 제후국 중 하나야. 고구려가 수나라, 당나라와 한 전쟁은 중국 안에서 일어난 전쟁일 뿐이야. 옛날 고구려가 있었던 곳은 지금은 중국의 영토야. 한국 땅에서 있었던 역사가 한국의 역사이듯이 현재의 중국 영토 안에서 일어난 역사는 당연히 중국의 역사 아니겠어?

고구려사, 한국사인가, 중국사인가?

역사 토론 대회가 열리다!

아침에 학교 가는 길, 종수는 발걸음이 가볍다. 잠자리에서 기분 좋게 일어났고, 특별한 반찬이 있었던 건 아니지만 아침밥도 맛있게 먹었다. 벌써 5년째, 가끔은 지겨운 마음으로 들어서던 학교 정문이 PC방 입구처럼 느껴질 만큼 기분이 좋다. 설레는 마음으로 학교에 가는 건 정말 오랜만이다.

오늘은 역사 토론 대회를 하는 날이다. 살아 있는 역사 공부를 하자며, 세 명씩 두 팀으로 나누어서 서로 토론을 벌이기로 한 것이다. 첫 번째 주제는 '고구려사, 한국사인가, 중국사인가?'다. 고구려가 한국의 역사인 건 당연한 건데 느닷없이 중국이 자신의 역사라고 주장해 두 나라 학자들뿐만 아니라 나라 사이에도 문제가 되고 있다.

'그럼 광개토 대왕이 중국 사람이란 말이야? 토론을 하나 마나지.'

제비뽑기를 한 결과 종수네가 한국 팀을 맡고 지영네 팀이 중국 팀을 맡기로 했다. '흐흐, 승리는 당연히 우리 거지.' 중국 팀을 맡게 되자 실망해 거의 울상이 된 지영을 보니 종수는 절로 웃음이 나왔다.

"김지영, 기다려, 흐흐! 깔끔하게 이겨 주겠어."

종수는 수업이 끝나고 같이 한국 팀이 된 친구들과 만났다.

현희가 시큰둥하게 말했다.

"야, 뭐 준비할 게 있어? 고구려는 당연히 우리 역사인데 말이야."

"그래, 지영이가 아무리 말을 잘해도 이 토론은 어쩔 수 없어."

호준이 맞장구를 쳤다.

"애들도 다 우리 편이고, 선생님도 한국 사람 아니야?"

"그럼, 기본 지식만으로 충분하지."

그래도 예의상 자료는 준비해야 할 것 같았다. 종수는 집에 돌아와 인터넷 카페와 블로그 등을 뒤지면서 쓸 만한 자료들을 모았다. 누군가 학교에서 고구려가 우리 역사가 아닌 이유를 조사해 오랬다고 지식 질문방에 글을 올린 게 있었다. '미친 거 아니야?' 하는 생각이 들었는데, 역시 밑에 그런 답변들이 달려 있었다.

자료는 많지만 내용은 서로 비슷했다. 신랄하게 중국 욕을 써 놓은 글은 재미있었지만 몇 편을 읽다 보니 지루해졌다. '그래, 이정도면 됐어.'

고구려는 중국의 작은 나라들 가운데 하나?

　사회와 심사를 맡은 선생님이 가운데 앉고 두 팀이 책상을 사다리꼴 모양으로 놓고 마주 앉았다. 종수의 눈이 지영과 마주쳤다.
　'기선 제압이 중요해.'
　눈싸움을 할 요량으로 노려보았지만 지영은 이내 손에 들고 있는 종이로 눈을 돌렸다. 종수는 자신이 이긴 건지, 무시를 당한 건지 구분이 가지 않았다.
　"지금부터 역사 토론 대회를 시작하겠습니다. 지난주에 얘기한 것처럼 토론은 각 팀이 1분 동안 입장 발표를 하고, 이에 대해 상대 팀이 15초 동안 문제 제기를 할 수 있습니다. 그다음에 마지막으로 정리 발언을 1분씩 할 수 있어요. 발언 시간을 지키도록 해요. 서로 예의를 지키는 토론 대회 분위기를 위해 토론 시간 내내 경어를 사용하도록 하겠습니다. 먼저 중국 팀의 입장 발표를 듣죠."
　"고구려는 중국의 역사입니다. 고구려를 세운 건 한민족의 선조가 아니라 고이족이라는 중국 고대 소수 민족의 후손들입니다. 고구려 왕족이 '고' 씨 성을 사용한 것은 고이족의 후예임을 내세우기 위한 것입니다. 예부터 중국에는 황제에게 조공^{신하 나라가 황제에게 바치는 예물}을 바치고 왕위 책봉을 받는 작은 나라들이 있었습니다. 이런 나라를 제후국이라 하는데, 고구려는 그 제후국 중 하나였습니다. 고구려 역시 중국의 황제에게 조공을 바치고 왕위 책봉을 받았기 때문입니다. 고구려가 멸망한 뒤 고구려의 백

> **고구려 이름의 유래**
>
> 한국 학자들은 성을 가리키는 '구루', 국가를 의미하는 '구룬' 등에서 나온 '구려(句麗)'에, '크다', '높다'라는 의미의 '고(高)'를 붙여 '고구려'라는 이름이 된 것으로 본다. 또 고구려를 세운 종족은 예족이나 맥족 등 중국 한족이나 유목민과 다른 고유한 종족으로 보고 있다.

성들은 당나라 백성이 되었습니다. 이것은 고구려가 중국의 일부였다는 것을 말합니다. 과거 고구려가 있었던 곳은 지금 중국의 영토입니다. 한국 영토에서 일어난 역사가 한국의 역사이듯이 현재의 중국 영토 안에서 일어난 역사는 당연히 중국의 역사입니다. 이상의 근거로 볼 때 고구려는 중국의 역사가 맞습니다."

지영이 차분한 목소리로 준비해 온 발표문을 읽어 내려갔다. 아이들이 앉은 자리에서 간간히 "우우!" 하는 야유가 나왔다. 그때마다 선생님은 부러 엄한 표정을 지으며 손가락을 입에 댔다.

"토론에서 가장 중요한 건 말을 잘하는 게 아니라, 잘 듣는 거예요. 아무리 내 생각과 다른 주장이라고 해도 끝까지 성실하게 듣는 자세가 중요해요. 다음은 한국 팀 입장 발표를 듣겠습니다."

종수가 헛기침을 한 번 하고 정리해 온 발표문을 읽어 내려갔다.

"고구려가 중국의 역사라는 건 말도 안 됩니다. 고구려는 부여의 왕자였던 주몽이 세운 나라입니다. 부여는 한민족이 최초로 세운 나라 고조선을 이은 나라입니다. 따라서 고구려는 우리 한민족의 역사입니다. 이러한 고구려의 역사는 고려로 계승되었습니다. 또 전성기 때 고구려의 영토는 중국과 비교해도 작지 않을 만큼 광활한 제국이었습니다. 고구려가 당시 중국을 다스리던 수나라나 당나라의 침략을 물리친 것은 누구나 다 아는 사실입니다. 고구려가 중국의 신하 나라라면 어떻게 그러한 큰 전쟁이 가능했겠습니까? 고구려는 우리 민족의 자부심이며 지금 중국 땅으로 되어 있는 만주는 우리 조상들의 땅이었습니다. 이러한 고구려를 중국의 역사로 만드는 동북공정은 우리의 역사를 빼앗는 역사 침략입니다. 중국은 역사를 왜곡하는 동북공정을 당장 중단해야 합니다."

종수는 마지막 문장을 웅변처럼 끝냈고 아이들이 "와와!" 하며 박수를 쳤

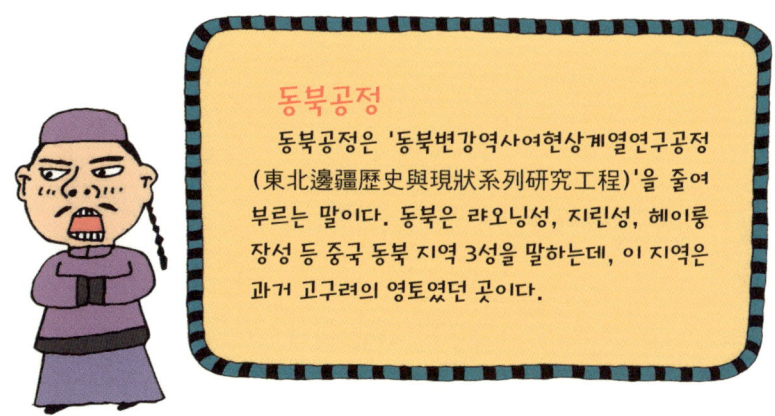

동북공정

동북공정은 '동북변강역사여현상계열연구공정(東北邊疆歷史與現狀系列研究工程)'을 줄여 부르는 말이다. 동북은 랴오닝성, 지린성, 헤이룽장성 등 중국 동북 지역 3성을 말하는데, 이 지역은 과거 고구려의 영토였던 곳이다.

다. 중국 팀을 향해 험상궂은 표정을 지으며 괴성을 지르는 아이도 있었고 책상을 두드리는 소리도 들렸다. 그 소리를 듣고 있자니 종수는 용감한 병사들을 거느리고 정벌에 나선 광개토 대왕이 생각났다. 우쭐하며 광개토 대왕이 된 것 같은 기분을 즐기고 있는데…….

"한국 팀이 동북공정이라 하는 건 2007년에 이미 끝났는데 뭘 중단하라는 겁니까?"

지영이 아무렇지 않은 표정으로 말했다.

"끄, 끝났다고…… 요?"

"그렇습니다. 한국이 말하는 동북공정은 중국의 동북 지역의 역사, 지리, 민족에 관련된 것들을 연구한 사업입니다. 이 사업은 2002년 2월에 시작해 2007년 1월에 끝이 났습니다."

'이게 뭔 소리야?' 종수의 눈이 커졌다. 엊그제 축구하다 자책골을 넣던 장면이 떠올랐다. 아이들의 시선이 모두 자신들을 향하고 있고, 뭔가 시원한 응답을 기대하고 있는 게 느껴졌지만 할 말이 떠오르지 않았다. 옆에 앉은 현희와 호준도 서로 얼굴만 쳐다볼 뿐 말이 없었다. 종수가 어렵게 말을 꺼냈다.

"끝났다고 해도…… 그, 그건 잘못된 겁니다. 하지 말아야 되는 겁니다."

"자기 나라의 역사를 연구하는 게 잘못된 겁니까?"

"역사 왜곡을 하고 있지 않습니까?"

종수의 목소리가 짜증스럽게 커졌다. 선생님이 종수를 쳐다보며 가볍게 고개를 저었다.

"동북공정이 오늘의 토론 주제예요. 어째서 동북공정이 역사 왜곡인지를 입증하는 토론을 해야 합니다."

선생님의 말에 종수가 난처한 얼굴을 하며 대답했다.

"아까 다 얘기했는데요?"

"그건 주장이죠. 여기서는 상대 팀의 주장을 반박하는 토론을 해야죠."

'반박하라고?' 하지만 종수는 고구려가 중국 역사라고 한 것만 떠오를 뿐 지영이 뭐라 했는지가 생각나지 않았다. 현희와 호준에게 '네가 해 봐.' 하는 눈빛을 보냈지만, '네가 해.' 하는 표정이 되돌아왔다.

한국 팀의 난처함을 풀어 준 건 중국 팀의 세진이었다.

"중국에서는 옛날부터 수많은 전쟁이 있었습니다. 한나라와 초나라의 전쟁이 있었고, 《삼국지》에도 수많은 전쟁이 나옵니다. 고구려와 수나라, 고구려와 당나라 전쟁도 그런 전쟁 중에 하나입니다. 고구려가 중국의 다른 나라들과 전쟁을 했다고 해서 한국사가 되는 건 아닙니다."

"중국 안에서 많은 전쟁이 있었다 해도 고구려와의 전쟁은 서로 다른 민족이 세운 나라 사이에서 벌어진 전쟁입니다."

종수가 기운을 얻은 목소리로 말했다.

"하지만 고구려는 중국에 있는 많은 소수 민족들 중 하나가 세운 나라라고 밝혔잖아요?"

세진의 목소리가 조금 올라갔다. 종수의 목소리도 지지 않을 듯이 따라 올라갔다.

"고구려는 한민족이 세운 나라입니다."

"한국 팀, 아까의 주장을 되풀이하지 말고 더 구체적인 설명을 하세요."

선생님이 손에 턱을 괴며 말했다.

"그렇다고 해도 고구려 사람들은 중국에 있는 여러 민족 중 하나입니다. 또 고구려가 망한 뒤 고구려의 유민들이 당나라 백성이 되지 않았습니까?"

"고구려 유민들은 신라에도 갔습니다."

"당나라로 간 사람들이 더 많습니다."

"그걸 어떻게 압니까?"

한국 팀 호준이 책상을 치며 말했다. 호준을 바라보며 선생님이 손가락을 좌우로 저었다.

"고구려 영토는 거의 다 중국의 땅이 되었고, 그러니 고구려 사람들 대부분이 중국 백성이 된 거죠."

"그건 발해가 세워지기 전 얘기입니다."

"동북공정에 의하면 발해도 고구려와 마찬가지로 중국의 역사입니다."

"말도 안 돼!"

세진의 말에 호준이 어이없다는 표정을 지었다.

"연관된 문제이기는 하지만, 오늘 토론은 고구려에 대해서만 하도록 해요. 다른 주제로 넘어갑시다."

선생님의 말에 이어 한국 팀 현희가 나섰다.

"고구려를 계승한 고려가 있습니다. 이건 어떻게 할 겁니까?"

"고려는 신라에서 이어진 나라입니다. 고구려와 발음이 비슷하다고 해도 다른 나라죠."

중국 팀 원우가 현희의 말을 받았다.

"나라 이름을 고려로 한 건 고구려를 계승하기 위한 겁니다. 발해가 망한 후 발해 유민들을 받은 것도 같은 고구려 후손이라 생각했기 때문입니다."

현희의 말이 끝나자마자 같은 팀의 호준이 비아냥거리듯이 말했다.

"뭐야, 사극 드라마도 안 보나……."

몇몇 아이들이 킥킥거렸고, 선생님의 손가락이 입으로 올라갔다.

"그게 무슨 상관입니까? 드라마 내용이 모두 사실은 아닙니다."

원우의 얼굴이 붉어졌다.

"그래도 어느 정도 사실이니까 하는 거지, 드라마라고 다 가짜입니까?"

"토론 준비를 드라마로 했나 보네……."

호준의 말에 중국 팀 세진이 혼잣말처럼 얘기했다. 그러자 현희가 발끈했다.

"우리가 뭘로 준비를 했든 그게 무슨 상관인데?"

"말이 안 되는 소리를 하니까 그렇지."

세진을 향해 고개를 세우며 호준이 말했다.

"뭐가 말이 안 되는데?"

세진이 대꾸하려는데, 선생님이 황급히 손을 앞으로 뻗으며 말했다.

"그만! 서로 예의를 지켜야지, 이런 식으로 토론하면 안 돼요. 두 팀 모두 경고예요. 그리고 역사 드라마는 사실에 바탕을 두었어도 작가가 상상으로 꾸민 거예요. 어디까지 사실이고, 어디까지 꾸민 건지는 드라마마다 다르겠지만, 어떤 경우라도 그걸 자신의 주장을 펼치는 근거로 삼아서는 안 돼요. 역사를 보는 생각일 뿐이니까. 다른 주제로 넘어갑시다."

그 후로도 서로 으르렁거리는 듯한 토론이 이어졌다. 말로는 모두 지지 않을 태세였으나, 팽팽한 토론이라기보다는 어딘가를 맴돌고 있는 듯했다. 종수가 아침까지 생각했던 토론 대회와는 거리가 멀었다. 뻔한 승부라 생각했는데 결론이 나올 것 같지는 않았다.

마지막 정리 발언을 했다. 시간 초과로 선생님의 제지를 받고 끝냈는데도 앞에서 한 얘기를 두서없이 반복한 것 외에 새로운 얘기를 한 게 없었다. 중국 팀도 특별히 새로운 주장은 없는 것 같았다. 그렇게 첫 번째 역사 토론 대회는 끝이 났다.

한국 팀, 고구려 역사를 뺏기다

긴장된 표정의 두 토론 팀 그리고 아이들의 호기심 어린 시선을 받으며 선생님이 토론 대회 결과를 발표했다.

"에, 이번 역사 토론 대회 결과는 중국 팀의 승리라 해야겠습니다. 작은 차이지만······."

선생님이 말을 이어 가려 했지만 한꺼번에 터진 아이들의 악쓰는 소리에 막히고 말았다. 모두 제각기 소리를 질러 무슨 말인지 알 수 없었지만 "말도 안 돼요!" 하는 소리만은 반복적으로 들렸다. 한국 팀 토론자들은 고개를 떨군 채 말이 없었고, 중국 팀 역시 의외의 결과란 듯 약간 붉어진 얼굴로 선생님을 바라볼 뿐이었다. 소란이 가라앉은 뒤 선생님의 말이 이어졌다.

"심사 결과는 누구의 주장이 옳았나에 대한 평가가 아니에요. 어느 팀이 자신의 주장을 올바르게 말하면서 토론했는가를 보는 거예요. 한국 팀은 토론 준비가 충분하지 않은 것으로 보였어요. 상대 주장이 뭔지, 그 주장의 근거를 제대로 살피지 않은 채 토론을 했어요. 그러다 보니 상대의 주장을 반박하기보다는 자신의 주장을 되풀이하는 경우가 많았어요. 게다가 토론 과정에서 상대의 주장을 감정적으로 대하며 예의에 어긋난 행동을 하기도 했고요. 거기에 비해 중국 팀은 자기주장을 잘 정리했고, 그에 대한 나름의

근거들을 제시하며 한국 팀의 주장을 적절하게 반박했어요."

아이들을 모두 돌아본 뒤 선생님의 말이 다시 이어졌다.

"내 주장이 옳다는 확신만으로는 토론을 할 수 없어요. 그렇게 토론해서는 상대를 이길 수 없어요. 물론 토론은 이기려고 하는 게 아니에요. 상대를 설득하기 위한 거지요. 그러려면 나의 주장을 논리적으로 말하고, 상대의 주장을 반박할 수 있어야 해요. 그런데 한국 팀은 상대의 주장은 생각 않고 이기려고만 한 것 같아요."

아이들이 가만히 있었다. 그렇다고 수긍하는 분위기도 아니었다. 종수가 침울한 얼굴로 일어섰다.

"선생님 말씀 잘 알겠습니다. 저희가 못했다는 거, 인정합니다. 하지만……. 억울해요. 다시 하게 해 주세요."

"다시 하자고? 안 돼, 다음에 할 게 얼마나 많은데……."

아이들이 벌 떼같이 일어났다. "다시 해요!" 하는 외침이 쏟아지더니 몇몇은 박자에 맞추어 "재대결!"을 외쳤다. 아이들을 조용히시킨 선생님이 짐짓 근엄한 표정으로 말했다.

"재대결한다고 무엇이 달라질까? 오늘의 토론이 역사 속 사건이라면 이 패배는 절대 바뀔 수 없는 거예요. 역사적 사실이란 그런 거예요. 내 맘에 들지 않는다고 마음대로 바꿀 수 있는 게 아니죠. 준비를 제대로 못 해 토론에 진 게 억울할 수도 있겠지만, 그건 누굴 탓할 게 아니잖아요. 만일 이것이 실제 국제 토론이었다면 어떻게 되었을까? 고구려는 중국의 역사라는 생각이 국제적으로 널리 퍼지게 될 수도 있겠죠."

"잘못한 거, 인정합니다. 이길 생각만 했고……. 당연히 이길 거라고 생각했습니다. 중국이 주장하는 게 뭔지 충분히 조사하지 않았습니다. 제대로 공부 안 한 거 인정합니다. 다시 공부할 기회를 주세요."

"다시 하게 해 주세요."

한국 팀의 현희와 호준이 합창하듯이 간절한 표정으로 말했다.

아이들이 다시 "재대결!"을 외쳤다. 아이들을 조용히시킨 뒤 선생님이 중국 팀에게 다가가 뭔가를 얘기했고, 지영과 중국 팀 토론자들은 서로를 쳐다보며 고개를 끄떡였다.

"좋아, 여러분의 뜻이 그렇다면 한 번 더 합시다. 우리가 역사 토론 대회를 하는 건 승패를 가리기 위한 게 아니라고 여러 차례 얘기했죠? 역사를 공부하기 위한 것이고, 현재 크게 쟁점이 되고 있는 주제를 제대로 이해하기 위한 거예요. 중국이나 일본하고 연관된 문제라 감정 문제가 생길 수도 있지만, 그러한 태도로 토론해서는 안 돼요. 상대가 왜 그런 주장을 하는지를 진지하게 생각하면서 토론합시다, 알았죠? 그럼 다음 주 이 시간에 다시 토론 대회를 여는 걸로 하고, 오늘 수업은 이걸로 끝!"

누군가 익살을 떨어 교실이 아이들의 웃음소리로 시끌벅적했다. 하지만 종수는 따라 웃을 기분이 아니었다.

수업이 끝나고 한국 팀은 자연스럽게 모임을 가졌다. 모두 표정이 시무룩했다. 불만이 없는 건 아니었지만, 그렇다고 선생님의 평가가 잘못된 것이라고 말할 자신도 없었다. 호준이 열심히 준비해서 다음에 꼭 이기자며 무거운 분위기를 털고 일어섰다.

각자 중국 팀의 주장과 근거를 정리하고 이에 대한 반박 자료를 찾아서 가져오기로 했다.

'토론이란 게 이렇게 힘든 건가?'

종수는 집으로 가는 발걸음이 아침과 달리 무겁기만 했다.

고구려 역사는 지금의 중국 땅에 있다?

다시 토론 대회가 열렸다. 중국 팀의 입장 발표는 전과 다르지 않았다. 한국 팀은 입장 발표를 새로 했다.

"고구려는 분명한 한국의 역사입니다. 고구려는 중국과 마찬가지로 자신만의 연호를 사용하고 하늘의 후예임을 내세우는 나라였습니다. 고구려와 수나라, 당나라 사이에 벌어진 전쟁은 당시 동아시아 지역에서 서로 중심의 나라가 되기 위한 전쟁으로, 중국 내에서 벌어진 전쟁들과는 성격이 다릅니다. 중국은 과거 고구려 영토였던 곳이 지금 중국의 영토이기 때문에 고구려가 중국의 역사라고 하지만, 동북공정 이전까지 중국은 고구려를 자신의 역사라고 생각한 적이 없습니다. 이에 비해 한국에서는 고구려가 멸망한 뒤 고구려 계승을 분명히 한 발해, 고려 등이 이어졌고, 그 이후로도 고구려가 우리 역사라는 계승 의식을 가졌습니다. 이렇게 볼 때 고구려가 중국 역사라는 주장은 잘못된 것입니다."

연호

왕의 재위 시작부터 날을 계산하는 것으로, '융희 4년(1910년)'은 순종 즉위 4년째라는 뜻이다. 중국의 신하 나라들은 중국의 연호를 받아 사용했는데, 자신만의 연호를 사용하는 것은 중국과 대등한 지위의 나라임을 과시하는 것이다. 고구려의 광개토 대왕이 '영락'이라는 연호를 사용했고, 신라의 법흥왕은 '건원', 발해를 세운 대조영도 '천통'이란 연호를 사용했다.

딴전 피우는 아이 없이 모두 종수의 발표에 진지하게 귀를 기울였다. 종수의 발표가 끝나자 중국 팀 원우가 문제 제기를 했다.

"고려가 고구려를 계승하고 있다는 주장은 나라 이름이 비슷한 거 외에 다른 근거가 없는 것 아닙니까?"

"그렇지 않습니다. 고려 때 발간된 《삼국사기》나 《삼국유사》는 모두 고구려를 백제, 신라와 함께 우리 민족의 국가로서 다루고 있습니다. 이것은 고려가 고구려를 계승하고 있기 때문입니다."

종수의 답변을 같은 한국 팀 호준이 덧붙였다.

"고려에서 고구려의 수도였던 평양을 서경이라 부르며 중요시한 것도 그 때문입니다. 고려가 고구려를 계승한 나라라는 건 송나라 역사에도 나오는 사실입니다."

중국 팀 세진이 나섰다.

"그럼, 고구려가 중국 황제에게 조공을 바친 것은 뭡니까? 조공은 신하의 나라가 바치는 것 아닌가요? 중국과 대등한 나라라면 왜 조공을 바치고 왕위 책봉을 받았습니까?"

"조공과 책봉은 당시 중국을 중심으로 이루어진 나라 사이의 외교와 무역의 방식이었습니다. 꼭 신하의 나라여서 조공을 한 건 아니란 겁니다. 그것 때문에 고구려가 중국의 역사라고 한다면, 고구려만이 아니라 신라나 백제도 중국의 역사라고 말해야 되는 거 아닙니까? 신라나 백제도 그랬으니까요."

중국 팀의 답변이 없자, 현희가 종수와 호준을 쳐다보며 몸을 앞으로 내밀었다. 종수가 고개를 끄떡였다.

"중국은 고구려의 영토가 지금의 중국이기 때문에 중국 역사라고 합니다. 그러면 그 땅에 중국이 아니라 예전의 만주국이 계속 있었다면 고구려는 만주국의 역사가 되는 겁니까?"

"만주국은 일본이 만든 꼭두각시 정권이었습니다."

중국 팀 원우의 답변을 종수가 낚아채 듯 되물었다.

"그럼 고구려가 일본의 역사가 될 수도 있다는 건가요?"

교실 곳곳에서 "말도 안 돼!"라는 소리가 나왔다. 선생님이 아이들을 보며 손가락을 좌우로 흔들었다.

"그렇지만……. 지금은 중국의 영토입니다. 그러니까 중국의 역사로 봐야 합니다."

한국 팀 현희가 눈을 빛내며 말했다.

"과거 고구려 영토 중 압록강 남쪽은 지금 북한 땅입니다. 또 고구려는 평양으로 수도를 옮겼습니다. 그럼 고구려 역사는 둘로 나눠지는 것입니까?"

"평양으로 옮긴 이후보다 그 전의 역사가 훨씬 길고, 중국에 속한 땅이 더 많기 때문에 중국의 역사입니다."

"그럼 고구려의 영토가 한강까지 닿았던 때가 있으니까 한강 지역의 역사도 중국 역사겠네요?"

망설이는 듯하던 원우가 뭔가 결심한 사람처럼 말했다.

"……지금 한강은 중국 땅이 아닙니다."

두 팀의 공방이 이루어지는 동안 아이들의 시선은 탁구 경기를 보듯 발언하는 사람을 따라 좌우로 움직였다. 그렇게 주고받던 양 팀의 토론자들이 어느 순간 입을 다물었다. 할 말을 다한 듯 침묵이 이어지자, 선생님이 두 팀을 돌아보며 질문을 했다.

"고구려가 중국사도 한국사도 아니라는 주장이 있는데, 이에 대해서는 어떻게들 생각해요?"

"네? 중국사가 아니면 한국사지, 어떻게 중국사도 한국사도 아닐 수 있어요?"

생뚱맞다는 표정으로 이렇게 되물은 것은 지영이었지만, 종수도 같은 생각이었다.

"중국사도 아니고 한국사도 아닌, 그냥 고구려 역사라는 거지."

"고구려는 우리 민족이 세운 나라잖아요. 그럼 우리 한국사죠."

호준이 어리둥절한 표정으로 말했다.

"이번 토론 주제가 '고구려가 한국사인가, 중국사인가?'지만 사실 고구려가 어느 나라의 역사인지에 대한 논의는 그것에만 제한되어 있지 않아요. 고구려가 중국사도 한국사도 아니라는 주장은 고구려 사람들이 자신을 중국인으로 생각하지 않았고, 그렇다고 한국인으로 생각하지도 않았다는 거예요. 그러니까 오늘날의 중국이나 한국을 기준으로 2천 년 전의 고구려 역사를 봐서는 안 된다는 거죠."

"하지만 국사 책에도 고구려는 우리나라 역사로 나오는데······."

"맞아요. 그러나 이런 주장을 하는 사람들은 현재의 국가를 중심으로 과거의 역사를 해석해서는 안 된다고 생각해요.

"역사란, 현재의 우리나라 관점에서 보는 거 아닌가요? 중국도 마찬가지고……."

"후후, 그래요. 그런데 토론을 나하고 하면 안 되지. 두 팀 모두 고구려가 한국사도 중국사도 아니라는 주장에 대해서는 준비 안 한 것 같은데, 오늘 토론 이후에 한번 생각해 보도록 해요. 자, 더 이상 토론이 없는 것 같으니 마지막 정리 발언을 하도록 합시다. 한국 팀이 먼저 하기로 하죠."

'그냥 고구려사라고? 어떻게 그럴 수가 있지?'

종수는 이해가 되지 않았다. 고구려사 문제에 대해서는 정리가 됐다고 생각했는데, 이건 또 뭔가 싶었다. 현희의 채근을 받고 나서야 종수는 정리 발언을 했다.

"중국이 고구려를 중국사라고 하는 것은 고구려 백성들 대부분이 중국에 속하게 되었기 때문이라고 합니다. 그러나 이는 전쟁에서 져서 그런 것입니다. 고구려는 오랜 세월에 걸쳐 한국으로 이어져 왔지만 중국에서는 고구려를 계승한 적이 없습니다. 고구려를 중국사라고 주장하는 것은 최근의 일이며, 그것은 '통일적 다민족 국가론'이라는 목적에 따라 역사를 꿰어 맞추는 것입니다. 중국은 현재의 중국 영토 안에서 일어난 역사는 모두 중국의 역사라며, 고구려 땅이 지금의 중국의 영토이기 때문에 중국의 역사라고 합니다. 그러나 과거의 역사를 현재의 영토를 기준으로 해서 자신의 역사라고 주장하는 것은 옳지 않습니다."

"네, 다음은 중국 팀."

통일적 다민족 국가론
중국의 한족과 많은 이민족이 하나의 통일된 국가를 이루고 있다는 이론이다. 이에 따르면 현재 중국의 영토 내에서 활동했던 민족은 모두 중국 민족이며, 그들의 역사적 활동 내용은 모두 중국 역사에 속하게 된다.

"한국은 고구려가 발해와 고려로 계승된 한국의 역사라고 하지만 그것은 고구려 역사를 보는 한국의 생각일 뿐입니다. 그러한 생각만으로 고구려를 한국의 역사라고 할 수는 없습니다. 고구려를 계승했다는 고려도 그렇고 조선도 과거 고구려의 영토를 이어 가지는 못했습니다. 고구려 사람들 일부가 고려나 조선으로 이어졌다 해도 그것만으로 고구려를 한국 역사라 할 수 없습니다. 중국에는 한족 외에도 많은 소수 민족이 살고 있고, 중국은 이들 모두를 통합하고 있는 다민족 국가입니다. 그러니 다양한 민족들의 역사 또한 중국의 역사인 것입니다. 옛날 고구려 땅에 살던 사람들이나 그 후손들은 대부분 지금 중국 땅에 살고 있고, 고구려의 많은 유적은 중국의 영토에 있는 중국의 것입니다. 그러므로 고구려는 중국의 역사입니다."

토론 대회가 끝났다. 종수는 순식간에 긴장이 풀리고 몸에서 모든 기운이 빠져나가는 듯했다. 꼭 이겨야 한다는 아이들의 성화가 아니더라도 스스로 그런 생각을 하고 있었기에 부담이 컸다. 그런데 토론 대회를 마치고 나니 그런 마음은 어느덧 사라졌다.

　승패가 중요한 게 아니라는 선생님의 말씀을 귀담아들은 것은 아니었다. 하지만 토론 대회를 하면서 많은 공부, 특히 논쟁에서 쟁점이 무엇인지, 거기에서 상대의 주장이 무엇인지 제대로 알아야 하는 중요성을 깨달았다는 게 뿌듯했다.

　토론이란, 상대가 있는 것이라는 선생님 말씀이 이해되는 것 같았다. 종수는 중국 팀을 맡아 토론 준비를 한 지영네 아이들이 대단하다는 생각이 들었다. 내가 중국 팀이었다면 저렇게 할 수 있었을까?

　무언가 정리하던 선생님이 자리에서 일어났다. 아이들은 모두 조용한 표정으로 선생님의 얼굴만 쳐다보았다. 선생님의 입술이 움직이는가 싶었는데, 선생님은 종수를 바라보며 말없이 미소를 지었다.

함께 정리해 보기
고구려 역사에 대한 한국과 중국의 쟁점

한국의 주장	논쟁이 되는 문제	중국의 주장
고조선에서 이어진 한민족인 예맥족이 고구려를 세웠다.	고구려를 세운 민족	중국에 있던 고대 소수 민족 중 하나가 고구려를 세웠다.
당시 나라 사이에 있었던 외교와 무역의 방식일 뿐이다.	고구려가 중국에 보낸 조공	중국에 속한 신하의 나라로서 예의를 표한 것이다.
동아시아 지역에서 서로 지배자가 되기 위해 벌인 전쟁이다.	고구려와 수·당나라 사이의 전쟁	중국과 그에 속한 지방의 나라 사이에서 벌어진 내부 전쟁이다.
고려는 고구려 후예임을 밝히면서 세운 나라로, 중국 역사에서도 인정했다.	고려로의 역사 계승	이름만 비슷할 뿐 고려는 고구려와 상관없는 나라다.
현재의 영토를 기준으로 과거 역사를 판단하는 것은 잘못됐다.	고구려 유적 위치	한국 땅에 있는 것이 한국사이듯, 현재 중국 땅에 속한 것은 중국 역사다.

2장
고대 한반도에 일본 식민지가 있었다?

'임나일본부설'은 고대 한반도 남쪽에 일본의 식민지가 있었다는 주장이야. 물론 일본이 하는 주장이지. 이번 논쟁에서는 임나일본부설의 근거가 되는 역사 자료를 어떻게 보아야 하는가에 대한 한국과 일본의 주장을 잘 생각해 봐야 돼. 일본 역사책인 《일본서기》의 기록을 왜 한국은 인정하지 않는지, 광개토 대왕 비문을 둘러싸고 양측이 어떤 점에서 대립하는지를 살펴보자. 그리고 신비의 칼 '칠지도'를 놓고 벌이는 한국과 일본의 주장이 어떻게 다른지도 비교해 봐.

일본 팀

일본의 역사를 기록한 《일본서기》에는 임나일본부에 대한 기록이 있어. 또 중국의 역사에도 중국에서 가야와 신라 등에 대한 일본의 지배를 인정한 기록이 있어. 임나일본부가 사실이라는 건 광개토 대왕비와 칠지도라는 유물을 봐도 알 수 있어. 광개토 대왕비에는 '왜가 바다를 건너와서 백제와 신라 등을 깨고 신민으로 삼았다.'는 기록이 있고, 칠지도는 백제가 충성의 의미로 일본에 보낸 칼이니까 말이야.

한국 팀

임나일본부설은 일본이 한반도를 침략해 식민지 지배를 정당화하기 위해 퍼뜨린 거야. 임나일본부설은 일본의 역사책 말고 다른 나라 역사에는 기록이 없어. 일본은 광개토 대왕비에 기록이 있다고 하는데, 그건 비문의 내용을 일본의 입장에 맞춰 해석한 거야. 또 백제가 일본의 지배를 받았기 때문에 칠지도를 일본 왕에게 바친 것이라는 주장도 사실이 아니야. 당시 백제는 일본보다 선진국이었어. 그런 나라가 일본의 지배를 받았다는 건 말도 안 돼.

고대 한반도에 일본 식민지가 있었다?

역사는 역사일 뿐 현재와 다른 것

"다음 역사 토론 주제는 뭘까?"

선생님이 얼굴에 웃음을 띠며 말하자 아이들은 호기심 어린 표정으로 선생님을 바라보았다.

"임나일본부설이에요. 임나일본부설이란 일본의 야마토 정권이 4세기 후반에 백제와 신라, 가야까지 지배했다는 주장으로, 당시 일본이 가야에 '일본부'라는 기관을 두어서 6세기 중엽까지 지배했다는 내용을 담고 있어요. '남선경영설'이라고도 하는데, 한국과 일본 역사학계의 뜨거운 논쟁거리 가운데 하나였죠."

"남선경영설이 무슨 뜻이에요?"

"조선, 그러니까 한반도의 남쪽을 일본이 직접 경영했다는 거야."

"경영요?"

"식민지였다는 거지."

"식민지요? 4세기부터면……."

"369년부터 562년까지, 한 200년 되네."

"200년이요?"

몇몇 아이들이 놀라는 소리를 냈다.

"정말인가요?"

"그렇게 주장하는 일본 학자들이 있지."

"말도 안 돼."

200년에 걸친 식민지라는 얘기에 아이들이 충격을 받은 듯했다. 그러한 충격은 곧 "일본 사람들 말을 어떻게 믿을 수 있냐?"는 몇몇 아이들의 말에 모두가 "맞아, 맞아!" 하는 분위기로 변했고, 교실은 순식간에 일본을 비난하는 말들로 가득 찼다.

"자, 진정하고! 그렇게 감정적으로 대할 문제는 아니에요. 그게 역사적 사실이라면 할 수 없지."

선생님이 짐짓 심각한 표정으로 말했다. 또 한번 교실이 소란스러워졌다.

"허허. 왜, 내가 일본 사람처럼 보이나?"

선생님이 너털웃음을 지으며 물었다. 아무도 그렇다고 대답하지는 않았다.

"미국의 흑인들 상당수는 조상이 백인들의 노예였겠지만, 그 사람들을 노예의 후손이라고 멸시하거나 낮추어 볼 수 있을까? 비난받아야 할 것은 노예들이 아니라 노예주인 백인일 텐데. 그럼 그 백인들의 후손들을 '너희는 잔인하고 야만적인 노예주였어.'라고 비난할 수 있을까? 현재 백인들이 같은 태도를 보이지 않는 한, 먼 조상들의 잘못으로 백인들을 뭐라 할 수는 없는 거 아니겠어요? 역사는 역사일 뿐이에요."

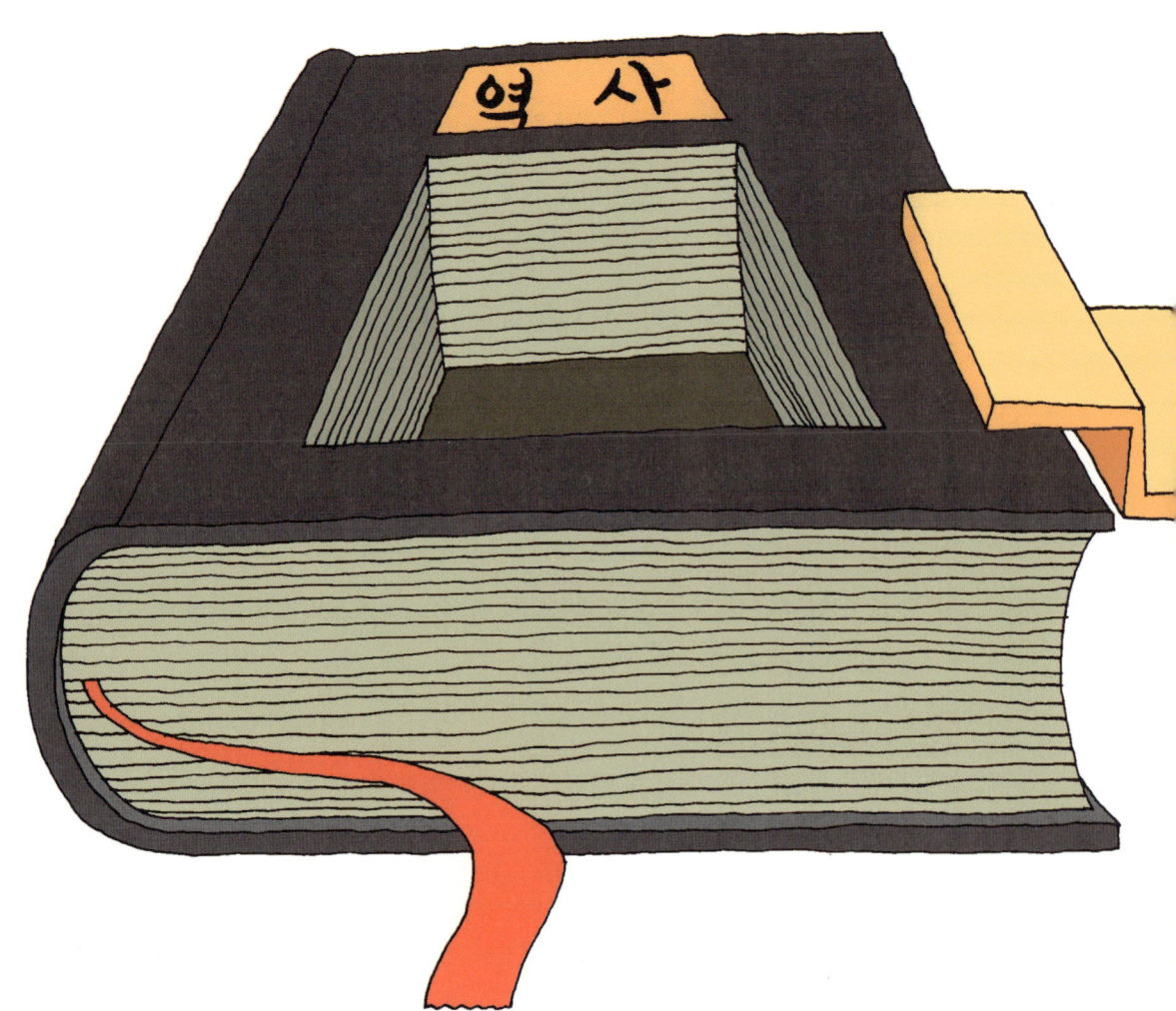

"선생님, 그게 무슨 말이에요?"

"지난 35년간의 일제 강점기 역사가 우리에게는 자존심 상하는 일이었다고 해도 사실이므로 부정할 수 없는 거죠. 그 역사를 배경으로 오늘의 대한민국이 탄생했고, 그때의 영향이 여전히 많이 남아 있기도 해요. 그렇다고 해서 오늘날 대한민국의 국가 가치나 여러분의 인격이 일본이나 다른 나라

에 비해 떨어지는 건 아니에요. 마찬가지로, 임나일본부설이 일본 학자들의 주장대로 사실이라 할지라도 그 역사가 현재의 우리에게 영향을 줄 수는 없는 거예요. 자존심이 상할 수는 있겠지만 먼 옛날의 일로 지금의 한국이 일본에 꿀릴 이유는 없는 거지. 거꾸로 일본이 옛날에 우리의 도움을 받았던 시절이 있다고 해서 그걸로 일본이 한국보다 못한 나라가 되는 게 아닌 것과 같지요."

선생님은 조용히 듣고 있는 아이들을 둘러보며 말을 이었다.

"게다가 우리가 지금 하는 역사 토론은 과연 일본의 그러한 주장이 사실인지, 아닌지를 밝히려는 것이니 미리 흥분할 필요는 없어요. 역사를 대하는 데 있어서 감정이나 어떤 목적을 앞세우는 것은 옳지 않아요."

알 것도 같고 모를 것도 같은 선생님 말씀에 아이들은 조용했다. 종수는 왠지 우울한 기분이 들었다. 나만 그런가? 저만치 앉은 지영을 쳐다보았지만 무슨 생각을 하고 있는지 알 수 없었다.

어떻게 일본 편을 들지?

토론 팀을 정하기로 했다. 제비뽑기 결과, 지영네가 한국 팀, 종수네가 일본 팀이었다. 현희도 호준도 실망한 기색이 역력한데 지영 팀의 세진이 원우의 어깨를 잡고 낄낄거렸다. 종수는 그게 너무 얄미우면서도 고구려사 토론 팀 나눌 때 쟤들도 나한테 그랬을까, 하는 생각이 들었다.

"지난 토론에서도 느꼈겠지만 두 팀 모두 다음 주까지 준비를 잘하도록 해요. 여러분이 어떻게 하느냐에 따라 우리 모두가 역사 공부를 제대로 할 수도 있고, 그냥 말싸움 구경만 하다 끝날 수도 있어요."

맥이 풀려 있던 종수는 선생님의 말이 자신에게 한 것처럼 느껴졌는데, 옆에 있던 지영이 어깨를 움찔하며 고개를 들었다.

종수네는 자신들이 항상 한국 팀을 맡을 수 있을 거라 생각하지는 않았지만 막상 눈앞의 일이 되니 의욕이 나지 않았다.

"어떻게 일본 편을 들어?"

호준이 뒤꿈치로 바닥을 치며 투덜거렸다.

"어쩌겠어."

현희의 표정도 불만 반 걱정 반이었다.

"그냥 졌다고 그럴까?"

"그게 말이 되니?"

"아니, 토론에서 대충 하는 거지. 그게 애국하는 거 아니야?"

"선생님 말 못 들었어? 그러려면 뭐 하러 토론을 해?"

현희의 핀잔에 호준이 입을 삐쭉거렸지만 뭐라 대꾸하지는 않았다.

"그래, 현희 말이 맞아. 아무리 그래도 지영이네만큼은 해야지."

종수가 말했다.

"그래, 걔네들이 중국이 좋아서 그런 거는 아니잖아."

"맞아, 덕분에 우리도 공부했고."

현희와 종수가 마음을 모으는 게 못마땅했는지 호준이 고개를 저으며 말했다.

"그래도 난 일본 싫어."

"너네 집 텔레비전하고 게임기는 일본 제품이더라?"

"그게 이거 하고 같냐? 너네 집에는 일본 제품 없어?"

다시 현희와 호준이 티격태격했다.

우리 집 카메라도 일본 제품인데……. 종수 아빠는 그걸 애지중지하면서도 독도 문제가 나올 때마다 일본을 욕했다. 종수는 궁금했다. 우리나라 사람들이 일본 전자 제품을 좋아하고 길거리에 일본 음식점이 많은 것은 일본이 좋아서 그러는 걸까? 일본 사람이 무시받는 데는 세계에서 한국이 유일하다던데, 왜 그러는 걸까? 일본 제품을 좋아하는 것하고 일본을 욕하는 것은 서로 상관이 없는 걸까?

꼬리에 꼬리를 물던 생각이 멈춘 건 현희 때문이었다.

"뭐 해? 빨리 얘기하고 가자."

"나도 학원 가야 돼."

"그래, 일단 각자 조사해서 다시 만나자."

"일본이 주장하는 내용하고 한국이 반론하는 내용 찾아서 정리해 와."

"한국 팀 애들 뭐 하는지 알아볼까?"

고개를 끄떡이던 호준이 갑자기 눈을 빛내며 말했다.

"됐어. 한국이 주장하는 거 찾으면 되는데 뭐 하러 그래."

현희가 손을 흔들며 말했다.

"적을 알아야 이기지."

"언제는 애국하겠다더니."

"야, 그래서 너는 이기기 싫어?"

"몰라, 난 그런 거 생각 안 할래."

"종수, 넌?"

"나? 글쎄…… 잘해야지."

종수가 머뭇거리는 표정으로 말했다.

"뭐 이래. 이래 가지고 제대로 하겠어?"

"야, 열심히 안 한다는 게 아니잖아."

현희의 말에도 호준이 불만 어린 표정을 풀지 않았다. 그래도 "힘내자!" 며 구호를 외치고 헤어졌다.

《일본서기》의 기록을 어떻게 봐야 할까?

두 번째 토론 대회가 열렸다. 일본 팀이 먼저 입장 발표를 하기로 했다. 발표는 현희가 맡았다.

"임나일본부는 역사적 자료에 근거한 사실입니다. 먼저 일본의 역사를 기록한 《일본서기》에는 진구 황후가 보낸 왜군이 369년 한반도에 건너와 7국과 4읍을 점령했고, 그런 다음에 임나, 즉 가야에 일본부를 설치했으며, 562년 신라에 멸망했다고 기록되어 있습니다. 또 송나라, 양나라 등 중국의 역사 기록에는 당시 왜왕에게 신라와 임나를 지배하는 칭호를 내린 것으로 되어 있습니다. 이것은 중국에서 가야와 신라 등에 대한 일본의 지배를 인정한 것입니다. 그리고 광개토 대왕비에도 이에 관련된 기록이 있습니다. '왜가 바다를 건너와서 백제와 신라 등을 깨고 신민으로 삼았다.'는 기록이 있지요. 이러한 기록의 증거는 유물로도 확인할 수 있습니다. 이 당시에 백제가 일본에 바친 칠지도가 이소노카미 신궁에 보관되어 있습니다. 따라서 임나일본부는 분명한 사실입니다."

현희가 발표를 하는 동안 아이들이 "우우!" 하며 야유를 보냈다. 선생님이 짐짓 무서운 표정을 지으며 아이들을 돌아봤다.

이어서 한국 팀의 세진이 발표를 했다. 선생님의 경고가 있어서인지 아이들은 조용히 세진의 발표를 들었다.

"임나일본부설은 사실이 아닙니다. 그것은 일본이 한반도를 침략해 식민지 지배를 정당화하기 위해 의도적으로 퍼뜨린 것입니다. 한민족은 약하고 무능해서 다른 나라의 지배를 받을 수밖에 없으며, 이러한 사실이 고대 역사에도 나타난다고 주장함으로써 일본의 침략이 정당하고, 한민족은 일본의 지배를 받아들여야 한다는 생각을 갖도록 하기 위한 것입니다. 이러한 임나일본부설은 역사적 근거가 없는 것입니다. 일본의 역사책 말고 다른 나라 역사에는 기록이 없습니다. 《삼국사기》에도 그러한 기록이 전혀 없습니다. 광개토 대왕비에 기록이 있다는 일본의 주장도 사실이 아닙니다. 이것은 일본이 광개토 대왕 비문의 내용을 조작해서 일본의 입장에 맞춰 해

석한 것입니다. 또 일본은 백제가 일본의 지배를 받았기 때문에 칠지도를 일본 왕에게 바친 것이라 하지만, 당시 백제는 일본에 많은 문물을 전해 주었던 선진국이었습니다. 그런 나라가 일본의 지배를 받았다는 것은 말이 안 됩니다. 따라서 임나일본부설은 잘못된 주장입니다."

"두 팀의 입장 발표를 모두 들었습니다. 광개토 대왕비 조작설이나 칠지도처럼 여러분이 재미있어할 만한 얘기들이 나왔네요. 자, 이제부터는 각 팀의 주장에 대한 문제 제기를 들어 봅시다."

선생님이 말을 마치자마자 일본 팀의 종수가 말문을 열었다.

"《일본서기》 말고 다른 역사책에는 임나일본부가 없다고 했는데, 그것이 임나일본부설이 사실이 아니라는 증거일 수 있나요?"

"한반도의 고대사가 기록된 《삼국사기》에도 없고 중국의 역사에도 없는 내용이 《일본서기》에만 있다는 것이 《일본서기》 기록의 신빙성이 떨어진다는 사실을 보여 줍니다."

한국 팀 세진이 자신감 넘치는 표정으로 말했다.

"《일본서기》는 720년에 나왔고 《삼국사기》는 1145년입니다. 일부러 뺄 수도 있는 거죠."

"200년 동안의 일인데 일부러 뺐다는 건 말이 안 됩니다."

"《삼국사기》에는 가야 역사가 없지 않습니까?"

세진이 당황한 듯 원우와 지영을 쳐다보았지만 원우는 눈만 껌벅거리고 있었고, 지영은 뭔가를 쓰고 있었다.

"그게…… 무슨 상관이죠?"

> **《삼국사기》에는 왜 가야 역사가 없을까?**
>
> 《삼국사기》는 1145년 고려 인종 때 만들어진 역사책이다. 여기서는 신라, 고구려, 백제 삼국의 역사만을 '본기'로 구성하고 있다. 본기는 정통성을 가진 독립적인 국가의 역사를 기록한 것인데, 가야는 본기로서 따로 구성돼 있지 않고 신라 본기에서 부분적으로 다루고 있다. 이에 대해 《삼국사기》 편찬 책임자인 김부식이 통일 신라 중심의 역사 인식을 가졌기 때문이라는 비판도 있고, 오랜 세월이 지난 뒤라 역사 자료가 별로 없었기 때문에 그런 것일 뿐이라는 주장도 있다.

"가야는 500년 넘게 이어져 온 나라인데, 《삼국사기》에 가야사가 없다고 해서 가야가 없었던 게 아니잖아요? 마찬가지입니다. 《삼국사기》에 임나일본부가 없다고 해서 임나일본부설이 틀린 주장이라고 할 수는 없지요."

종수가 말을 마치자 한국 팀 지영이 고개를 들며 말했다.

"《삼국사기》에 가야사가 없다고 임나일본부를 일부러 뺐다는 건 말이 안 됩니다. 《삼국사기》니까 고구려, 백제, 신라 삼국의 역사만 쓴 거 아니겠어요? 그리고 《삼국사기》에 가야에 관한 얘기가 전혀 없는 건 아니에요. 또한 임나일본부설은 일본이 가야만이 아니라 백제하고 신라까지 지배했다는 내용인데, 그런 역사가 실제로 있었다면 빠졌을 리가 없죠."

지영이 답변을 하자 곧바로 종수가 질문을 했다.

"조선 시대 말의 학자들도 임나일본부설을 받아들였다는데, 그게 사실이기 때문 아닌가요?"

"그건 다른 문제입니다. 조선 시대 학자 몇몇이 그랬던 건 고대 역사를 연구하는 자료를 《일본서기》에 의존했기 때문인데, 《일본서기》는 역사책으로서 문제가 있습니다."

"문제가 있다니요?"

종수보다 빨리 호준이 되물었다. 그러자 한국 팀 원우가 기다렸다는 듯이 입을 열었다.

"《일본서기》는 오래된 역사책이기는 하지만, 설화적 내용이 섞여 있어서 기록 그대로를 사실로 받아들여서는 안 됩니다. 이러한 점은 일본 학자의 연구에서도 인정되고 있어요. 천황을 신성시하려고 역사를 꾸민 흔적이 많

《일본서기》는 왜 역사 자료 가치가 낮을까?
《일본서기》의 편집자들이 일본의 역사 연대를 끌어올리기 위해 역사 기록을 120년 앞당겼다는 '이주갑 인상설' 주장이 있다. 이는 백제 관련 기록을 비교할 때 잘 드러난다. 《삼국사기》에는 근초고왕 즉위가 344년으로 기록돼 있는데, 《일본서기》에는 224년이라 나온다.

고, 백제와 신라를 정벌했다는 진구 황후가 실제 인물인지도 의심받고 있고요. 또 연대를 앞당겨서 기록한 것도 있어서 역사 자료로서 가치가 낮게 평가되고 있습니다."

"《삼국사기》 내용도 모두 인정받는 건 아니잖아요?"

호준이 말했다.

"그래서 기록 그대로가 아니라 유적이나 유물, 다른 역사 자료와 함께 검토해서 사실인지 아닌지를 확인해야 하는데, 《일본서기》의 임나일본부설은 다른 역사 자료에서 확인할 수 없기 때문에 그대로 믿을 수 없다는 겁니다."

"중국이 일본의 가야 지배를 인정하는 의미의 칭호를 일본 왜왕에게 준 기록이 중국에 있습니다. 이건 《일본서기》의 기록이 맞는다는 증거입니다."

원우가 손에 든 종이와 호준을 번갈아 보며 말했다.

중국이 내린 왕 책봉 칭호, 어떻게 이해할까?

중국 남조는 일본의 왜왕이 백제와 신라, 임나, 진한 등의 왕이라는 호칭을 인정해 달라고 하자, 백제를 제외한 나머지 나라들을 다스리는 왕의 칭호를 주었다고 한다.

그러나 비슷한 시기에 가야의 왕에게도 왕 칭호를 주었고, 진한은 이미 없어진 나라였다는 점에서 중국의 왕 책봉 칭호는 외교를 명목으로 했던 일일 뿐이라는 것이 한국 학자들의 주장이다.

"중국 역사에 나오는 왜왕 책봉 기록도 사실 그대로 볼 수 없습니다. 왜냐하면 왜왕에게 가야를 지배하는 왕이라는 칭호를 주었지만, 비슷한 시기에 가야의 다른 왕에게도 왕 책봉 칭호를 줬습니다. 그냥 나라 사이의 관계를 유지하기 위해 형식적으로 했던 일일 뿐입니다."

일본은 광개토 대왕 비문의 내용을 조작했을까?

종수는 토론 준비를 할 때만 해도 어떻게 일본의 입장에서 주장을 하나 걱정도 되고 별로 의욕도 없었다. 그런데 막상 토론이 시작되니 자신도 모르게 기운이 났다. 꼭 이겨야 한다고까지는 생각하지 않았지만 지고 싶지도 않았다. 서로 말은 하지 않았지만 현희와 호준에게서도 그런 느낌을 받았다.

"《일본서기》 기록도 다른 역사 자료로 확인할 수 있습니다. 광개토 대왕비의 비문이 있지 않습니까? 칠지도도 있고요. 광개토 대왕비에는 '왜가 바다를 건너와서 백제와 신라 등을 격파하고 신민으로 삼았다.'는 기록이 있습니다. 이는 《일본서기》의 내용하고 같은 겁니다."

일본 팀 현희가 말을 마치고 나서 입을 오므렸다 폈다. 조금 긴장된 모습이었다.

"그건 일본의 주장일 뿐입니다. 게다가 일본의 주장은 비문의 글자를 조

광개토 대왕비에는 어떤 내용이 있을까?

조선 후기 광개토 대왕비가 알려진 뒤 여러 서예가나 학자들이 비석에 새겨진 글씨를 종이에 옮기는 탁본을 만들었다. 이 과정에서 사람들이 보다 정교한 탁본을 만들기 위해 석회를 바르거나 비석 표면의 이끼를 제거하면서 비면의 일부가 훼손되었다. 손상된 비면은 이후 많은 논란을 일으키는데 '조작설'은 이 손상이 일본에 의해 의도적으로 일어난 것이라는 주장이다.

광개토 대왕 비문에서 특히 논란이 되고 있는 내용은 〈而倭以辛卯年來渡海破百殘□□□羅以爲臣民〉(□는 알 수 없는 부분)이다. 이 내용을 일본 학자들은 "왜(일본)가 신묘년에 바다를 건너와 백잔(백제)과 신라를 격파하고 그들을 (왜의) 신민으로 삼았다."라고 해석한다. 반면에 위의 비문을 인정하는 한국 학자들은 "왜가 신묘년에 (쳐들어)왔다. (이에 고구려는) 바다를 건너 (왜를) 격파했다. 백제는 (왜를 끌어들여) 신라를 침략해 신민으로 삼았다."라고 해석한다. '渡海破'(바다를 건너 격파하다)의 주어가 왜가 아니라 고구려라는 것이다.

그러나 비문이 변조된 것으로 보는 사람들의 생각은 다르다. '海'(바다 해) 자를 '每'(언제나 매) 자가 변조된 것으로 보면서 비문을 "왜가 신묘년 이래 건너왔으나 (고구려가) 매번 격파했다."고 해석하기도 하고, '來渡海破'를 '不貢因破'가 변조된 것으로 보고서 "조공을 바치지 않아 백제·왜·신라를 공격해 신민으로 삼았다."고 해석하는 학자도 있다.

작한 것이라는 의심을 받고 있어요."

한국 팀 세진이 현희를 노려보며 말했다. '조작'이라는 말을 할 때는 발음에 힘이 들어갔다.

"한국 팀은 광개토 대왕비 내용이 조작됐다고 하는데, 그거야말로 근거가 없는 거 아닌가요?"

현희가 세진을 따라 '조작'에 힘을 주며 말했다.

"일본군 첩보 장교 사카와가 비에 석회를 발라서 내용을 탁본_{비석 등에 종이를 붙여 글씨나 무늬를 본뜨는 것}했다는 건 다 알려진 일입니다."

"중국 역사 학자인 왕지엔췬은 석회를 바른 사람은 일본군이 아니라 중국의 탁본 상인들이라고 발표했습니다. 내용이 조작된 것은 아니라고 했고요."

"하지만 다른 중국 학자는 그것이 경솔한 판단이라고 했습니다. 그리고 왕지엔췬도 임나일본부설은 잘못된 주장이라고 하지 않았나요?"

약간의 침묵이 흐른 뒤 한국 팀 종수가 눈을 빛내며 입을 열었다.

"한국이 이야기하는 조작설이 틀렸다는 증거가 있습니다."

"그게 뭡니까?"

호준이 종이판을 꺼내 들었다. 종이판을 가리키며 종수가 말을 이었다.

"오른쪽에 있는 것이 일본군 장교 사카와가 1883년에 한 탁본입니다. 그리고 왼쪽의 것은 중국의 쉬젠신 교수가 발견한 것으로 1881년에 만들어진 것이지요. 두 개의 글자가 똑같죠? 그러니까 일본이 비문을 조작했다는 건 잘못된 주장입니다."

교실 안이 술렁거렸다. 한국 팀도 당황했는지 자기들끼리 뭔가 얘기를 나누고 있었다. 잠시 뒤 원우가 책상에 쌓아 놓은 종이 더미를 뒤적이더니 그중 하나를 꺼내 보이며 말했다.

"1881년 것도 그렇고, 사카와의 것도 모두 제대로 된 탁본이 아닙니다. 탁본은 비석에 종이를 대고 글자를 뜨는 것인데, 이것은 비석에 종이를 대고 그린 겁니다."

"그게 무슨 말입니까?"

종수가 의심 어린 눈으로 물었다.

"둘 다 만든 사람의 생각에 따라 원래 비문과 다르게 만들어질 수 있다는 뜻입니다."

"그럴 수 있다 해도 그게 일본이 비문을 조작했다는 증거는 아니죠."

원우가 잠시 생각을 한 후 말했다.

2006. 4. 14. 〈요미우리 신문〉에 실린
광개토 대왕비 탁본

"광개토 대왕비 내용으로 임나일본부설이 맞다고 할 수는 없어요."
"아무튼 일본이 비문의 내용을 조작했다는 한국의 주장은 틀린 거잖아요, 그렇지요?"
종수가 못을 박듯 되물었다.
"그건……."
원우가 말을 잇지 못하자 같은 팀의 지영이 나섰다.
"광개토 대왕 비문의 변조 문제는 아직 해결된 게 아닙니다. 중국 학자 왕지엔췬이 했던 말 기억나지요?"
"석회를 발랐지만 비문이 변조된 건 아니라고 했지요."
"석회를 발랐다는 건 이미 비문이 변조됐다는 걸 의미합니다. 누구에 의해서 변조가 됐든 원래의 비문 내용을 알 수 없으므로 일본의 해석대로 볼 수는 없습니다."
"비문이 일본에 의해 조작된 게 아니라면……."
한국 팀 세진이 종수의 말을 자르며 큰 소리로 말했다.
"일본은 유물을 파묻어 놓고 일본의 구석기 역사를 조작하기도 했잖아요! 아닌가요?"
그러자 일본 팀 호준이 일어설 듯 몸을 들썩이며 말했다.
"그게 이거하고 무슨 상관입니까? 한국은 그런 거 없어요?"
"뭐가 있습니까?"
세진과 호준이 싸울 것 같은 기세로 목소리를 높이자 선생님이 손을 앞으로 내밀며 말했다.

역사 조작

일본의 후지무라 신이치라는 아마추어 고고학자는 자신이 발견한 유물을 근거로 일본의 구석기 시대 역사가 70만 년 전에 이른다고 주장했다. 이는 한반도 구석기 역사보다 50만 년이 앞선 것이었다. 그러나 2000년 11월 5일 일본의 <마이니치 신문>은 이것이 가짜 석기를 파묻어 조작한 것이라는 기사를 실었다.

이러한 유물 조작은 한국에서도 있었는데, 충무공 해저 유물 발굴을 하면서 한 해군 장교가 1992년에 임진왜란 당시 사용된 별황자총통을 발굴했다고 보고했고, 이 유물은 국보로까지 지정됐다. 그러나 4년 뒤 이는 골동품상과 짜고 가짜를 만들어 바다에 빠뜨린 다음에 건져 낸 것으로 밝혀졌고, 국보 지정이 취소됐다.

"자자, 그만. 그 얘기는 오늘의 토론 주제와 관계 없어요. 그리고 사례는 사례일 뿐 그것이 그대로 주장의 근거가 될 수는 없어요. 광개토 대왕비의 내용이나 조작설은 여전히 학자들 사이에서도 논란이 되고 있으니, 그 문제는 이 정도로 합시다. 중요한 건 비문에 어떤 내용이 있느냐가 아니라 그 내용의 의미를 어떻게 볼 것인가인데, 쓰여 있는 글자만 봐서는 진짜 의미를 알 수 없어요. 한국 팀의 주장도 조작설을 빼면 그런 이야기로 보여요. 그러니까 광개토 대왕비에 대한 토론은 여기까지 하고 다른 주제로 넘어가도록 합시다. 아까 칠지도 얘기가 나왔는데……."

백제에서 일본으로 간 칠지도의 비밀

"예, 임나일본부가 사실이라는 또 다른 근거는 칠지도를 통해서도 확인할 수 있습니다. 한국 팀은 그것도 조작된 것으로 봅니까?"

호준이 분이 안 풀린 듯한 목소리로 말했다.

"칠지도도 거기에 새겨진 글자가 조작됐다는 의심을 받고 있기는 하죠. 하지만 그것보다는 이소노카미 신궁에 보관되어 있는 건 《일본서기》에 나오는 칠지도가 아닐 수 있다고 봅니다."

한국 팀 지영이 대답했다.

칠지도

"어째서 그렇죠?"

"《일본서기》에 나오는 칠지도는 372년에 일본에 왔다고 기록돼 있지만, 현재 일본에 있는 칠지도는 408년에 만들어진 것으로 밝혀졌습니다. 이건 일본 NHK 방송에서 엑스레이 촬영을 통해 밝힌 사실입니다."

종이에 계산을 하고 나서 일본 팀 호준이 말했다.

"36년이 차이 나는데, 역사에서 그 정도 차이는 있을 수 있지 않나요?"

"《일본서기》 기록을 그대로 믿어서는 안 된다는 거죠."

"이소노카미 신궁에 보관되어 있는 칠지도가 《일본서기》에 나오는 칠지도가 아니라 해도 백제에서 칠지도를 보낸 사실은 맞습니다."

"칠지도에 쓰여 있으니까요."

지영이 아무렇지 않은 표정으로 말했다.

"백제가 일본 왕에 칠지도를 바쳤다는 건 충성의 의미고, 그건 백제가 일본의 지배를 받았다는 거 아니겠어요?"

호준이 자신의 말을 강조하듯 손가락으로 허공을 찌르며 말했다.

"칠지도는 신하의 나라로서 섬기는 나라에 바친 물건이 아닙니다. 반대로 백제가 신하의 나라에 하사한 거죠."

"하지만 《일본서기》에는……."

"이소노카미 신궁의 칠지도만 보더라도 알 수 있어요. 거기에 새겨진 글을 보면 연호가 나오는데, 연호는 백제가 자신을 중국처럼 황제의 나라로 생각하고 있는 걸 보여 줍니다. 따라서 칠지도가 왜왕에게 바쳐졌다는 건 말이 안 됩니다."

일본 팀 종수가 몸을 앞으로 내밀며 말했다.

"중국의 연호를 쓴 것일 수도 있습니다. 또한 백제가 독자적으로 연호를 사용했다는 기록은 없다던데요?"

"고구려나 신라 모두 국력이 가장 강했던 시기에 자신의 연호를 사용한 걸로 봐서 백제도 충분히 그랬을 수 있습니다."

"하지만 추측일 뿐이잖아요."

지영이 고개를 끄떡이며 말했다.

칠지도에는 어떤 내용이 쓰여 있을까?

칠지도는 4세기 백제와 일본의 관계를 보여 주는 중요한 자료이지만, 제작 연대와 칼에 새겨진 61개의 글자 판독을 놓고 많은 논란이 이어지고 있다. 그중 칼 앞면의 '宜□供侯王(의□공후왕)'에 대해 일본은 '후왕'을 신분이 높은 관리나 부귀한 사람으로 보지만(백제 헌상설), 한국은 일정한 영토 안에서 사람들을 지배했던 사람인 제후로 해석하고 칼 뒷면에 적힌 왜왕과 같은 의미로 본다(백제 하사설). 칠지도를 백제 왕이 신하인 왜왕에게 내려 준 것으로 해석하는 것이다.

또 논란이 되는 부분이 뒷면의 '先世以來未有此刀 百濟□世□奇生聖音[晉] 故爲倭王旨造 傳示[後]世'(선세이래미유차도 백제□세□기생성음[진] 고위왜왕지조 전시[후]세)'인데, 비어 있는 글자를 어떻게 읽는가, 문장 구성을 어떻게 하느냐에 따라 여러 해석이 나타난다. "선세 이래 이런 칼이 없었다. 그런데 백제 왕세자가 (이것을 만들어 보라는) 왕의 분부에 대하여 기이한 방법을 이용해 이루었다. 그런고로 왜왕 지를 위하여 만들었으니 후세에 전해 보이라."라고 해석하는 사람도 있고, 중국에서 백제에 보낸 것을 백제가 모조해서 일본에 보냈다고 주장하는 사람도 있다.

"중국 연호라는 것도 추측일 뿐이죠. 또한 그렇다 하더라도 칠지도에 새겨진 글의 내용은 윗사람이 아랫사람에게 주는 형식입니다. 여기를 보세요."
 지영이 종이판을 꺼내 들고 종이판의 글자를 가리키며 말했다.

'百濟王世子 奇生聖音 故爲倭王旨造 傳示後世'
 백 제 왕 세 자 기 생 성 음 고 위 왜 왕 지 조 전 시 후 세

"이것은 칼의 뒷면에 적혀 있는 글로 한국과 일본의 많은 학자들이 인정하는 것입니다. 여기 밑줄 친 부분을 보면 백제의 왕세자가 왜왕에게 주는 물건이라는 걸 알 수 있어요. 왕 대 왕이 아니라 백제의 왕세자가 일본의 왕을 상대하는 것이니 백제가 일본보다 위에 있다는 거죠."
 "백제의 왕세자가 일본의 왕에게 바친 물건일 수도 있잖아요?"
 일본 팀의 현희가 말했다. 호준이 고개를 끄떡였다.
 "아닙니다. 뒤에 밑줄 친 傳示後世전시후세는 '후세에 전해 보게 하라.'는 뜻입니다. 이건 아랫사람이 윗사람에게 쓰는 말이 아닙니다. 그 반대죠."
 한국 팀 지영이가 현희와 호준을 번갈아 보며 말했다.
 "그건 한국에게 유리하게 해석한 거죠."
 "그렇다 해도 후세에 전하라는 맨 뒤의 글자 뜻은 분명합니다."
 한자로 된 거라 종수는 지영의 말이 맞는지 알 수가 없었다. 종수가 선생님을 쳐다보자, 선생님이 고개를 끄떡이며 말했다.
 "한문 뜻은 그게 맞아요."

종수가 곤란한 표정으로 말했다.

"후세에 전하라고 한 주체가 백제가 아니라 중국 황제일 수도 있잖아요."

"일본 팀 말은 중국에서 받은 걸 백제가 따라 만들어서 일본에 보냈다는 주장 같은데, 일본 학자 중에는 그렇게 해석하는 사람도 있다고 합니다. 하지만 그 말이 맞다고 해도 칠지도는 백제가 일본의 지배를 받았다는 증거가 될 수 없어요."

일본 팀에서 아무도 발언하지 않자 지영이 손에 들고 있던 종이판을 내려놓았다.

'임나일본부'의 실체는?

무언가를 생각하는 듯하던 일본 팀의 현희가 무겁게 입을 열었다.

"한국 팀은 《일본서기》 기록을 그대로 믿을 수 없는 것이라고만 하는데, 그러면 《일본서기》가 다 거짓말이라는 거예요? 그건 너무 억지 아닌가요?"

"다 거짓말이라는 게 아니라 써 있는 그대로 믿어서는 안 된다는 겁니다."

한국 팀 원우의 말이었다.

"그게 그거죠. 자기 나라 역사책만 옳다고 하고 다른 나라 역사책은 너무 무시하는 거 아닌가요?"

현희의 말에 원우가 고개를 흔들며 말했다.

"당시 가야나 백제와 왜라 불리는 일본이 바다를 건너 많은 교류를 했고, 그래서 당나라에 신라방중국 당나라에 있던 상인, 유학생 등 신라인 집단 거주 지역이 생긴 것처럼 일부 지역에 기관 비슷한 것이 있었을 수는 있지만, 그게 임나일본부는 아니라는 겁니다."

그러자 일본 팀의 호준이 일른 말했다.

"그건 《일본서기》 기록이 맞을 수도 있다는 얘기잖아요?"

"그렇지 않습니다."

한국 팀의 지영이 말했다. 모두 지영을 쳐다보았다.

"그런 기관 같은 게 있었을 수 있지만 임나일본부는 될 수 없습니다. 일본에서 '일본'이라는 나라 이름이 정해진 건 7세기 후반입니다. 그런데 임나일본부는 6세기에 있었다는 거잖아요. 어떻게 그럴 수 있어요? 말이 안 되는 거죠."

한국 팀 세진이 고개를 끄떡였다. 호준이 그런 세진을 흘끗 보더니 시선

임나일본부설은 역사적 사실이 아니다!

2010년 3월, 한일 역사 공동 연구 위원회에서는 임나일본부가 역사적 사실이 아닌 것으로 정리했다. 그러나 당시 한반도 남쪽에서 백제, 가야 등과 연결돼 있었던 왜의 활동에 대해서는 여전히 논란이 있다. 역사와 역사 논쟁을 이해하는 데 도움이 될 것으로 판단하여 이 책에서 다루었지만, 임나일본부설은 현실적으로 죽은 논쟁이다.

을 돌렸다.

양 팀에서 더 이상의 토론이 없자 선생님이 미소를 지으며 말했다.

"자, 아주 재미있는 토론이었어요. 두 팀 모두 수고했어요. 아주 오래 전의 역사를 다룬 것이기 때문에 역사 자료가 많지 않았을 거예요. 명확하지

않은 것이 많아 전문 학자들 사이에서도 논란이 끊이지 않는 주제여서 토론 준비가 쉽지 않았을 텐데 잘했어요. 자, 이제 마지막 정리 발언 기회를 갖겠어요. 이번에는 한국 팀이 먼저 할까?"

"역사 자료는 그 하나만을 보거나 쓰여 있는 그대로 보아서는 안 됩니다.

여러 다른 역사 자료와 함께 비교해서 보아야만 그 시대를 제대로 이해할 수 있습니다. 그런데 임나일본부설은 《일본서기》 기록에 다른 역사 자료를 꿰어 맞춘 것이며, 그것은 일본의 한국 지배를 정당화하기 위한 것입니다. 칠지도를 만들 때 백제는 가장 전성기였지만, 일본은 아직 발전하지 않은 때였습니다."

원우가 조용한 목소리로 발표를 하는 동안 종수는 듣는 둥 마는 둥 생각에 빠져들었다. 천 년도 훨씬 지난 그때, 한반도 남쪽에서는 무슨 일이 있었던 걸까. 역사를 공부해도 그걸 다 알 수는 없는 걸까. 역사를 그대로 보면 안 된다는 건 왜 그럴까. 역사는 참보다 거짓이 더 많은 걸까. 어디선가 말발굽 소리가 들리고 눈앞에서 흙먼지가 이는 것 같았다.

함께 정리해 보기
임나일본부에 대한 한국과 일본의 쟁점

일본의 주장	논쟁이 되는 문제	한국의 주장
임나일본부가 기록되어 있는 역사책이다.	《일본서기》	기록된 그대로 믿을 수 없는 역사책이다.
비문은 《일본서기》 기록이 맞다는 것을 보여 주며, 조작되지 않았다.	광개토 대왕비	비문 내용 조작 가능성이 있어 그대로 믿을 수 없다.
백제가 충성의 의미로 일본에 바친 것이다.	칠지도	백제가 높은 위치에 있는 나라의 입장에서 일본에 하사한 것이다.

3장 일제 강점기 35년, 조선을 근대화하다?

이번 장에서 다룰 쟁점은 35년간 일본 지배의 역사를 어떻게 보느냐야. 우리는 나라를 빼앗겨 온갖 서러움과 고통을 당한 시대로 기억하고 있는데, 일본은 자신들 때문에 봉건 시대에서 벗어나 근대화가 됐다고 주장해. 근대화란, 정치·경제·문화 등 사회 모든 분야에서 큰 변화가 일어나 봉건적인 상태에서 벗어나는 것을 말해. 일본은 그 근거로 일제 통치 기간 동안 농업이 발전했고, 철도가 놓이기 시작했으며, 공업이 발전했다는 걸 들어. 이러한 일본의 주장을 한국이 어떻게 반박하는지를 잘 살펴보도록 해.

일본 팀

일본의 통치를 받기 이전의 조선은 봉건 시대에 있었어. 일본은 한국의 농업을 근대화시켜 식량 생산을 늘어나게 했어. 또한 공업화가 전혀 되지 않은 한국은 일본에서 자본이 들어와 공업 발전이 이루어졌어. 오늘날 한국이 세계적으로 경제가 발전한 국가가 될 수 있었던 건 일본의 통치로 이루어진 경제 발전이 있었기 때문이야. 또 근대화의 상징인 철도는 모두 일본에 의해서 건설되었어.

한국 팀

일제 강점기 35년 동안 조선이 근대화됐다고 하는 건 침략을 정당화하기 위한 억지야. 일본은 많은 조선인의 땅을 빼앗았고, 많은 쌀을 일본으로 가져가 식량을 부족하게 했어. 일제 강점기 때 만들어진 공장은 대부분 일본인 소유였어. 조선인들은 일본인보다 훨씬 많은 일을 하면서도 절반밖에 안 되는 임금을 받았어. 철도를 놓은 것도 조선을 위해서가 아니라 전쟁 물자를 실어 나르고 조선의 자원을 빼앗기 위한 것이었어.

일제 강점기 35년, 조선을 근대화하다?

한국의 발전은 일본의 지배 덕분?

"어휴, 또 일본 팀이야?"
현희가 답답하다는 표정으로 말했다.
"이러다 우리 일본 사람 되는 거 아니야?"
호준이 풀이 죽은 얼굴로 얘기했다.
"잘 좀 뽑지……."
"내가 그러고 싶어 그랬나, 뭐."
다음 역사 토론을 위한 팀을 정했는데, 종수네가 또 일본 팀을 하게 됐다. 종수는 제비뽑기를 한 호준을 원망하는 마음이 들기도 했지만 호준을 탓할 수 있는 일은 아니었다. 원하는 대로 뽑을 수 있다면 제비뽑기를 할 이유가 없으니까. 그래도 누군가를 원망하고 싶은 마음이 가시지는 않았다.

다음 토론 주제는 '일제 강점기 35년을 어떻게 봐야 하나?'이다. 일본에는 일제가 지배한 35년 동안 조선이 봉건 시대에서 벗어나 근대화되었다고 주장하는 사람들이 있다고 한다.

주로 조선과 중국을 넘어 동남아시아까지 진출했던 과거의 일본을 자랑스럽게 생각하는 사람들이 그런 주장을 하는데, 여기에는 그러한 성격을 띤 단체뿐만 아니라 정치인이나 정부의 높은 지위에 있는 사람도 있다고 한다.

이 사람들은 당시 일본의 조선 지배가 정당했고 지금의 한국인들이 그 혜택을 받았다는 주장을 한다고 한다. 한국에서는 이러한 주장을 '망언'으로 받아들이는데, 일본이 지배한 35년을 조선을 강제로 점령해서 식민지로 삼고 수탈한 역사로 보기 때문이다.

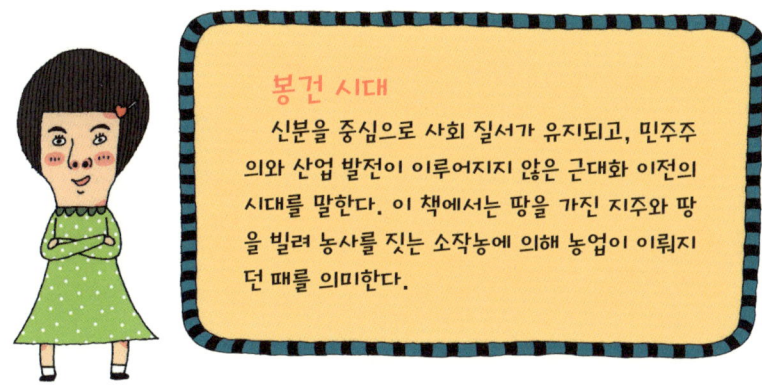

봉건 시대
신분을 중심으로 사회 질서가 유지되고, 민주주의와 산업 발전이 이루어지지 않은 근대화 이전의 시대를 말한다. 이 책에서는 땅을 가진 지주와 땅을 빌려 농사를 짓는 소작농에 의해 농업이 이뤄지던 때를 의미한다.

다음 토론 대회는 이를 놓고 어떤 주장이 맞는지를 토론하는 것이다. 종수는 결론이 뻔하다는 생각이 들기도 했지만, 지난 두 번의 토론을 생각해 보면 일본도 그러한 주장을 하는 나름의 근거가 있을 것이란 생각이 들었다.

그냥 억지 주장을 하는 게 아니라면 어떤 근거가 있고 그게 뭘까, 하는 호기심이 생기면서 종수는 일본 팀으로 나서야 하는 토론 대회에 대한 불만스런 마음이 조금은 나아졌다.

토지 조사 사업은 농업을 근대화했나?

"자, 오늘도 재미있는 토론이 됐으면 좋겠네. 시작할까요? 일본 팀이 먼저 할까?"

선생님이 기대감 넘치는 표정을 지으며 일본 팀을 보았다. 의자에 편안히 앉아 있던 호준이 몸을 세웠다.

"1910년부터 1945년까지 일본이 통치를 한 35년 동안 한국, 아니 조선은 근대화되었습니다. 일본이 통치를 하기 이전의 조선은 봉건 시대에 있었습니다. 공업화가 전혀 이루어지지 않았지만, 이후 일본에서 자본이 들어와 공업 발전이 이루어졌습니다. 한국이 오늘날 세계적으로 경제가 발전한 국가가 될 수 있었던 건 일본의 통치 기간에 경제 발전이 있었기 때문입니다. 또 철도는 근대화의 상징입니다. 한국의 철도는 일본에 의해서 건설

되기 시작했고, 대부분 지금도 사용되고 있습니다. 또한 일본은 당시 토지 조사 사업으로 새로운 토지 소유 제도를 만들었고, 곡물 생산량을 늘리는 등 농업을 발전시켰습니다. 이렇게 조선은 이전에 없던 발전을 했고, 이것은 일본의 통치로 이루어진 것입니다."

일본 사람이 돼 버리는 게 아니냐고 투덜대던 호준이었지만 씩씩한 목소리로 일본 팀 입장 발표를 했다. 교실의 아이들 몇몇이 투덜거리는 소리를 냈지만 호준의 목소리가 무척 자신에 차 있어서였는지, 아니면 선생님의 주의가 있어서였는지 아무도 야유하지는 않았.

곧바로 한국 팀의 입장 발표가 있었다. 세진이 뭔가 마음에 안 든다는 표정으로 호준을 쏘아보더니 발표문을 읽어 갔다.

"일제 강점기 35년 동안 조선이 근대화됐다고 하는 건 침략을 정당화하기 위한 억지입니다. 일본이 조선을 침략한 것은 조선의 노동력과 자원을 빼앗기 위해서였지, 조선을 근대화하기 위한 것이 결코 아니었습니다. 일본은 토지 조사 사업을 통해 많은 조선인의 땅을 빼앗아 총독부의 소유로 만들었고, 많은 쌀을 일본으로 가져가 식량을 부족하게 했습니다. 일제 강점기 때 만들어진 공장은 대부분 일본인 소유였습니다. 이곳에서 조선인들은 일본인보다 훨씬 많은 일을 하면서도 절반 정도밖에 안 되는 임금을 받고 살아야 했습니다. 또 많은 조선 사람들을 전쟁 총알받이로 끌고 갔고, 징용으로 끌고 가 강제 노동을 시키기도 했습니다. 이것이 어떻게 조선을 근대화시킨 것일 수 있습니까? 일본이 자기 나라의 이익을 위해 조선을 침략해 수탈한 것입니다."

토지 조사 사업

일본이 조선을 강제 병합하면서 1910~1918년에 조선 전체 토지의 토지 소유권 등을 조사한 사업이다. 조선 시대의 토지 소유 방식은 부정하고, 총독부에 신고된 토지에 대해서만 소유권을 인정했다. 일본의 일부 학자들은 토지 조사 사업으로 한국에 자본주의에 맞는 토지 소유 제도가 세워졌다고 주장한다.

"음, 역시 팽팽하네. 두 팀의 입장 발표를 들었으니 이제 본격적인 토론을 해 볼까요? 한국 팀이 토지 조사 사업을 얘기했는데, 일본 팀은 여기에 할 말이 없나요?"

"있습니다."

선생님의 말에 곧바로 종수가 입을 열었다.

"한국 팀은 토지 조사 사업으로 많은 농민이 토지를 빼앗겼다고 하지만 그건 사실이 아닙니다."

"토지 조사 사업은 일제가 조선의 자원을 파악하고 수탈하기 위해 한 것이고, 그 과정에서 많은 땅이 총독부로 넘어갔는데 어째서 사실이 아닙니까?"

세진의 퉁명스러운 대답을 종수가 반박하려는데, 한국 팀의 원우가 먼저 세진의 말을 덧붙이고 나섰다.

"토지 조사를 하면서 농민에게 제대로 알리지도 않았고, 신고 절차를 복잡하게 해 농민들이 제때 신고를 못 해서 소유권을 인정받지 못한 일이 많았습니다. 이건 결국 땅을 빼앗기 위한 것입니다."

"그렇지 않습니다. 일본은 신고 기간이 지난 뒤에도 신고를 받아 주었고, 신고 안 된 땅은 조사를 해서 땅 주인에게 신고를 권하기도 했습니다. 이게 어떻게 땅을 빼앗은 겁니까?"

종수의 말끝이 자신도 모르게 올라갔다.

"토지 조사 사업이 끝난 뒤에 조선 토지의 절반이 넘는 땅이 총독부 소유가 됐는데도 아니란 말입니까?"

"원래 조선 왕실 소유의 나라 땅이 있어서 그런 거죠."

"나라 땅이었다 해도 농사지을 수 있는 경작권이 농민에게 있어서 실제로는 농민 땅이었던 곳이 많았습니다."

"그런 땅은 분쟁지 심사를 해서 소유권을 결정했고, 조선 사람들 대부분이 결정에 따랐습니다."

종수의 말에 한국 팀 원우가 퉁명스럽게 말했다.

"총독부가 힘을 갖고 있으니까 할 수 없이 따른 거죠."

"그건 추측일 뿐입니다. 또한 토지 조사 사업을 해서 조선의 농업이 봉건 시대에서 벗어나게 된 건 맞잖아요?"

"땅 주인이 누구인가를 정리하고 관리하는 건 나아졌는지 모르지만 농업은 봉건 시대에서 벗어나지 못했습니다."

"어째서요?"

일본 팀 종수가 침착한 목소리로 물었다.

"토지 조사 사업을 하고 나서 농민들은 자기 땅을 잃었어요. 땅 주인한테 땅을 빌려 농사짓는 소작농이 되었는데 봉건 시대에서 벗어났다고 할 수는 없습니다."

"그게 토지 조사 사업하고 무슨 상관입니까? 소작농은 조선 시대부터 이미 있어 왔다고요."

"땅 없는 농민이 더 늘어났는데 왜 상관이 없어요? 조선 시대에 이미 지주와 소작농 관계가 있었다고 해도 토지 조사 사업으로 봉건 시대에서 벗어났다는 건 틀린 말 아닙니까?"

한국 팀 원우가 못을 박듯이 말했다. 토지 조사 사업 문제는 원우가 전담해서 준비를 한 것 같았다. 하지만 종수도 아직 물러날 기세는 아니었다.

"조선 시대와는 다른 근대적인 토지 관리가 이뤄진 건 맞잖아요. 그리고 이러한 관리를 통해 더 많은 쌀을 생산할 수 있게 되었고요."

"산미 증식 계획을 말하는 건가요?"

산미 증식 계획은 일제가 1920년부터 1934년까지 조선에서 쌀 생산을 늘리기 위해 실시한 농업 정책이라고 선생님이 설명했다.

"맞습니다. 산미 증식 계획을 통해 조선의 곡물 생산량은 이전보다 많이 늘었습니다. 일본이 품종 개량을 하고 비료를 늘리는 등 노력을 했기 때문입니다."

"하지만 늘어난 곡식이 조선 사람에게 돌아가지 않으면 소용없는 거죠."

평소의 원우 같지 않았다. 흥분한 모습으로 보이지는 않았지만 조금 냉소적으로 보였다.

소작농이 된 농민들

토지 조사 사업 이후 자기 땅을 갖고 농사짓는 농민은 줄어들고 지주에게 땅을 빌려 소작을 하는 소작농은 늘어났다. 토지 조사 사업으로 지주가 더 많은 땅을 확보하게 되었기 때문이다. 조선의 소작농들은 지주에게 생산한 곡식의 절반 이상, 심지어는 80퍼센트까지도 내야 했는데, 이러한 지주제는 해방 이후에 토지 개혁을 하면서 없어졌다.

"그게 무슨 말이에요?"

"당시 조사 자료에 의하면 1910~1941년의 쌀 생산량은 52퍼센트 늘어났어요. 하지만 하지만 이렇게 늘어난 쌀은 다 일본인에게 돌아갔습니다. 조선인에게 분배된 쌀이 9퍼센트 증가한 데 비해, 일본인에게 돌아간 쌀은 810퍼센트나 늘었어요. 또 조선인 한 사람에게 돌아간 쌀의 양은 줄어들었지만, 일본인 한 사람의 양은 95퍼센트나 늘어났다고요."

"……."

"그리고 많은 쌀이 일본으로 공출되었습니다. 그러니까 토지 조사 사업이나 쌀 생산량을 높인 건 조선이 아니라 일본을 위해서 한 것입니다."

잠시 어색한 침묵이 흘렀다. 선생님이 양 팀을 번갈아 보다 교실의 아이들을 둘러보며 말했다.

"토론 내용이 조금 어렵죠?"

아이들이 "네!" 하고 대답했다.

"일본 팀 주장은 토지 조사 사업으로 토지 소유 제도가 근대적으로 바뀌었고, 쌀 생산량이 늘어났으니 조선의 농업 발전에 도움이 됐다는 거예요. 이와 달리 한국 팀은 자기 땅 없이 지주한테 땅을 빌려 농사짓는 농민이 늘어났고, 증가한 쌀 생산량도 조선 사람이 아니라 일본에 더 많이 돌아갔기 때문에 결국 토지 조사 사업은 조선을 위한 것이 아니며 농업 발전에 도움이 안 되었다는 주장인 거죠."

아이들이 다시 "네!" 하고 대답했다.

"대답하는 목소리가 시원하기는 한데……, 정말인가? 당시 일본의 농업 정책이 조선의 농업을 발전시켰냐, 아니냐를 놓고 서로 주장이 다른 거예요. 계속 토론을 들어 봅시다."

조선을 달리던 철도, 누굴 위한 것이었나?

선생님의 말이 끝나자 일본 팀의 호준이 큰 소리로 말했다.

"일본에 의해 새롭게 발달한 게 많은데 철도도 그중 하나입니다. 여기 이 표를 보면 일제 강점기에 철도가 꾸준히 늘어난 것을 알 수 있습니다."

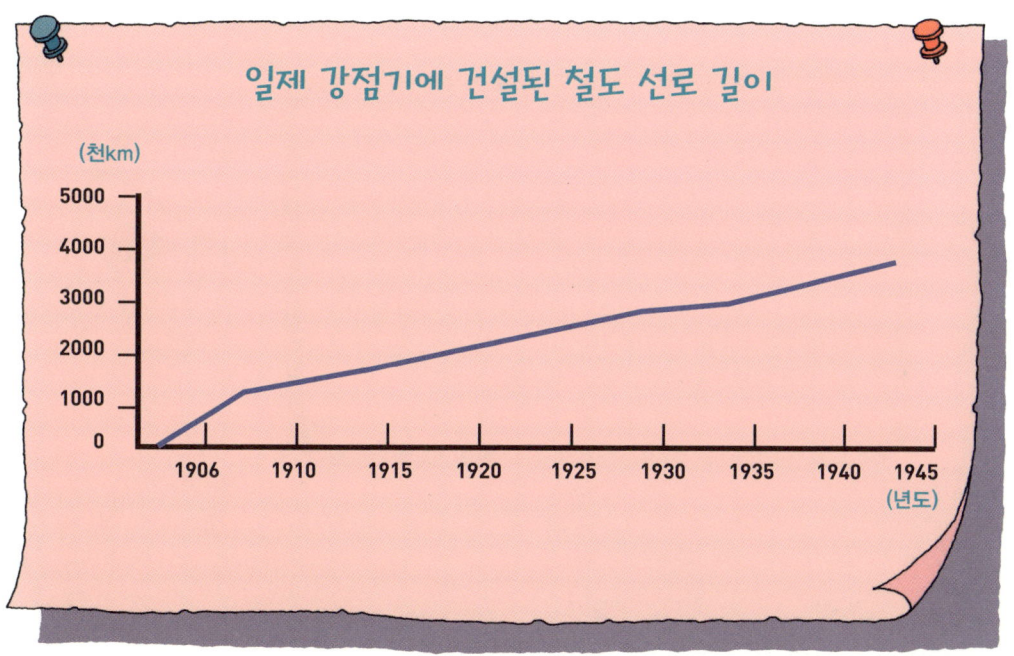

― 출처: 〈조선 총독부 철도국 연보〉 외

한국 팀 세진이 호준이 들고 있는 종이판을 보면서 천천히 말했다.

"철도는 일본이 아니더라도 건설했을 겁니다. 일본이 나라를 빼앗지 않았다면……."

세진의 말을 호준이 가로채듯 끊었다. 말을 빼앗긴 세진의 눈이 커졌다.

"어쨌든 철도를 놓은 건 일본이고, 지금도 한국에서 사용되고 있잖습니까?"

"일본이 없었어도 우리 손으로 놓을 수 있었는데, 일본 때문에 못 하게 된 거죠."

"철도를 놓으려면 많은 자금이 있어야 하는데, 그때 조선은 자금을 댈 능력이 없었습니다."

"일본이 아니더라도 철도는 러시아나 미국에서 돈을 빌려서 얼마든지 만

우리나라 철도 개통

1899년 경인선 개통으로 처음 철도 운행이 시작되었다. 경인선은 원래 미국 회사와 합작으로 건설이 시작됐으나 자금난으로 철수하고, 일본이 사업을 인수하여 완공되었다. 철도는 이익이 많은 사업이어서 외국에 맡기지 말고 조선인의 힘으로 건설하자는 움직임이 있었으나, 자금 부족과 일본의 방해로 실패했다.

들 수 있었어요!"

"그럼 러시아나 미국에 나라를 빼앗겼을 수도 있어요."

"다 일본 같은 줄 알아요?"

"그걸 어떻게 알아요?"

세진과 호준의 목소리가 점점 커져 갔다. 아이들이 킥킥대는 소리가 들렸다. 선생님이 양손을 흔들며 말했다.

"또 붙었군. 이제 그만! 조선이 직접 철도를 세웠다면 이후 어떤 일이 벌어졌을지는 아무도 몰라요. 상상을 해 볼 수는 있고 상상이 당시의 상황을 이해하는 데 도움이 되기도 하겠지만, 그건 역사가 아니에요. 역사 토론은 있는 사실만을 갖고 말해야 해요."

"음음, 일본이 철도를 놓은 것도 일본을 위한 것이지 조선을 발전시키기 위한 게 아니었습니다."

한국 팀의 세진이 목을 가다듬으며 말했다. 세진의 말이 끝나자마자 지영이 몸을 앞으로 내밀며 말했다.

"일본 팀은 아까 다른 나라 도움으로 철도를 놓았다면 그 나라에 나라를 빼앗길 수도 있었을 거라고 했는데, 그 말은 일본이 조선을 침략하기 위해 철도를 건설했다는 말 아닙니까?"

"예? 그런 말이 아니잖아요."

"그렇게 말했잖아요!"

"말꼬리 잡지 맙시다! 그리고 철도가 누굴 위해 놓였든 조선의 교통을 편리하게 하는 데 쓰였으면 된 거 아닌가요?"

호준이 주먹을 쥐면서 말했고, 선생님이 다시 나섰다.

"자, 오늘 토론이 너무 뜨겁네. 다들 진정하고, 일본이 만든 철도가 정말 조선을 위한 것이었는지 조금 더 자세히 이야기해 봅시다."

"일본은 철도를 건설하면서 조선 사람들에게서 토지를 빼앗다시피 했고 강제로 일을 시켰습니다. 여기에 반대하는 조선인은 죽이기도 했습니다."

세진의 말에 이번에는 일본 팀 종수가 나섰다.

"그런 건 지금의 한국에서도 일어나는 일이잖아요."

"그게 왜 한국에서 일어나는 일이에요? 철도 놓으면서 어디 그런 일이 있어요?"

세진이 눈을 동그랗게 뜨며 말했다.

"철도만이 아니라 개발을 하다 보면 생기는 일이고, 한국에서도 재개발 하면서 싸움이 일어나잖아요."

"그게 뭐가 같아요?"

세진이 화난 사람처럼 말했지만, 종수는 표정의 변화가 없었다.

"중요한 건 철도를 건설하면서 조금 안 좋은 일이 있었더라도 그 전에 없던 철도가 일본에 의해 놓였고, 그걸로 조선의 도시와 산업이 발달했다는 겁니다."

"철도는 일본을 위해 놓은 거죠. 조선에 있는 자원을 가져가서 전쟁에 쓰려고 말이에요."

"그랬더라도 없던 철도가 일본 때문에 생긴 거 아니에요? 그 덕분에 조선과 한국이 이익을 본 건 사실이잖아요."

일본 팀 호준이 다시 나섰다.

"철도는 일본이 안 나섰더라도 조선이 충분히 건설할 수 있는 것이었습니다."

"그럴 수도 있었겠죠. 하지만 어쨌든 철도를 놓아 준 건 일본이잖아요?"

"놓아 준 게 아니라, 일본이 자신들을 위해 한 거죠!"

세진의 말이 짜증스럽게 올라갔다. 뭔가 말하려는 듯하던 호준이 현희가 팔을 잡자 그만두었다. 종수는 현희가 잘했다고 생각했다. 안 그러면 같은 말싸움이 계속됐을 테니……. 한국 팀도 조용했다.

'한강의 기적'은 일본의 지배 덕분이었다?

"와, 양 팀 모두 준비를 많이 했군요. 좋아요. 아주 팽팽하네……. 그 문제는 그 정도로 하고, 다른 주제를 얘기해 봅시다. 공업 문제도 있었죠? 근대화라면 공업 발달을 빼놓을 수 없는데, 여기에 대해서 일본 팀은 일제 강점기에 일본이 조선에서 공업을 발전시켰기 때문에 오늘날 한국의 경제 발전도 가능했다고 했어요."

선생님이 한국 팀을 쳐다보자 지영이 입을 열었다.

"일본은 한국의 공업 발달이 일본에 의해서 이루어진 거라 합니다. 하지만 일본은 조선 사람이 회사를 만들지 못하도록 억압했습니다. 그리고……."

일본 팀의 현희가 지영의 말을 자르고 나섰다.

"처음에만 그랬지 그 후에는 아니에요."

"네, 회사령이 없어져서 회사를 만들 수 있게 되었지만 거의 다가 일본인 소유의 회사였죠."

"조선인이 회사를 만들지 않은 건 일본이 못 하게 해서 그런 게 아니잖아요. 그리고 꽤 큰 회사를 가진 조선인도 있었고요."

"그러면 일본이 공업화를 시켜 줬다고 하면 안 되죠."

"아니죠. 한국에서 지금처럼 공업이 발전할 수 있었던 건 그때 일본이 만든 회사들이 있었기 때문입니다. 조선 시대에는 그런 회사들이 없었어요."

말을 주고받는 일본 팀 현희와 한국 팀 지영의 얼굴이 점점 달아올랐다.

"그렇지만 일본이 조선의 공업 발전을 위해서 회사나 공장을 만든 건 아니잖아요."

"결과적으로 조선이 이익을 본 건 맞죠. 그때 조선의 경제 성장률은 매우 높았다고 하는데요."

"하지만 경제 발전의 성과는 대부분 일본이 가져갔습니다. 일본이 조선에 들여온 자본은 70억 엔이지만 가져간 건 그 4배가 넘어요."

"그렇더라도 한국이 조선 시대 때보다 더 발전할 수 있었던 건 사실이잖아요."

현희와 지영의 말씨름이 이어지는데 한국 팀 세진이 몸을 튕기듯 앞으로 내밀며 빠르게 말했다.

"조선 사람들은 월급도 제대로 못 받았습니다."

"조선인들이 월급을 많이 못 받은 건 기술이 없어서였습니다."

말하는 현희의 시선이 계속 지영을 향하고 있었다.

"수많은 사람을 강제로 끌고 가 광산 같은 데서 일을 시킨 것도 조선을 위해서 한 일인가요?"

> **조선의 빠른 경제 성장**
> 1912~1927년의 국내 총생산량은 5.32퍼센트 증가했고, 1927~1937년에는 4.15퍼센트 증가했다. 이것은 당시 선진국들에 비해 훨씬 높은 성장률이었다.

자신을 보지 않는 현희를 세진이 쏘아보았다.

"일본이 이 모든 걸 조선을 위해서 했다는 게 아닙니다. 일본이 조선을 통치하면서 조선에 큰 도움이 될 만한 성과들을 이뤄 냈다는 겁니다."

"이를테면 공업을 발전시켜 줬다는 거죠?"

한국 팀 지영이 말하려는 세진의 팔을 잡으며 이야기했다. 세진이 불만 어린 표정으로 등을 의자에 붙였다.

"그렇습니다. 한국의 '한강의 기적'도 그런 경험과 바탕이 있었기 때문에 가능했던 겁니다."

"지금 한국의 경제 발전이 일본이 공업화를 시켜 줘서 가능했다고요? 그건 사실이 아닙니다."

"왜요? 조선의 공업화도 일본을 위해 한 거라서요?"

일본 팀 현희의 입가로 살짝 웃음이 지나갔다.

"그게 아니고……. 한국의 경제 발전은 해방 이후에 새롭게 이루어진 겁니다. 지금 있는 기업들 대부분은 해방 이후에 만들어진 것으로 일본과는 상관없어요."

"일본이 조선을 떠나면서 남긴 시설들이 있잖아요."

"경제 발전에 필요한 공장 시설들 대부분은 북한에 있었지 남한에는 별로 없었습니다."

"남은 게 있었으니까 그걸 가지고 경제 발전을 한 게 아닙니까? 북한도 그렇고……."

"북한에 지어졌던 것도 그렇고, 그 시설은 대부분 전쟁을 치르면서 부서졌어요."

"그건 일본 잘못이 아니죠."

일본 팀의 호준이 뚱한 표정으로 말했다.

"공장 시설이 일본 때문에 파괴됐다는 게 아니라, 한국의 경제 발전이 일본이 공업화를 시켜 줘서 된 게 아니라는 겁니다."

한국 전쟁에서 얼마나 많은 시설이 파괴되었나?
1950~1953년까지의 한국 전쟁에서 남북 양측을 합해서 250만 명이 사망했고, 80퍼센트의 산업시설과 공공시설과 교통시설이 파괴되었다. 북한 지역은 미국의 집중적인 폭격을 받아 특히 피해가 심했다.

지영이 어색한 웃음을 지으며 말을 끝냈다. '쟤는 저럴 때가 제일 미워.' 현희의 마음을 알았는지 종수가 물병을 현희 앞으로 밀었다.

의도와 결과 중
역사 평가에서 어떤 게 더 중요할까?

종수는 토론을 하면서 이전에 몰랐던 것 그리고 어렴풋이 알고 있던 것들을 좀 더 자세히 알게 돼서 좋았지만, 한편으로는 왠지 모르게 혼란스러

운 느낌이 들었다. 그 전에는 자신이 한국 편이라고 확신했는데, 역사 토론을 하면서는 그 확신이 흔들렸다. 그게 좋은 일인지 나쁜 일인지 헷갈렸다.

일본 팀을 두 번이나 해서 그런 것일지도 모른다. 종수는 일본을 대표하는 게 싫지만, 지고 싶지 않아서 나름 열심히 했다. 일본인처럼 주장할 수는 없겠지만, 일본이 왜 그런 주장을 하는지를 생각했고 일본인들의 논리에 맞춰 말하려고 노력했다.

'너무 열심히 했나?'

토론에서 논쟁이 벌어지면 자신도 모르게 승부욕이 일어났고, 열중하다 보면 일본의 입장을 대신 말하는 걸 넘어 정말 자신이 그렇게 믿고 있는 것 같은 착각이 들었다.

일본의 주장이 옳다고 생각하지는 않지만, 그렇다고 무조건 다 틀렸다는 생각도 안 들었다.

'만약에 일본 아이들이 이런 토론을 하면, 한국 팀을 맡은 아이들도 나와 같은 생각을 하게 될까?'

자신이 점점 한국인도 일본인도 아닌 이상한 존재가 되는 것 같은 느낌이 들었다. 이러다 일본 사람 되는 게 아니냐고 하던 호준의 말이 떠오르는데 귓가에 선생님의 목소리가 들렸다.

"모두 수고 많았어요. 날이 갈수록 토론이 열기를 띠니까 좋네요. 두 팀의 토론을 들어 보니 일본 팀은 결과를 강조하는 입장이라면 한국 팀은 의도, 동기를 강조하는 주장을 한 것 같군요. 아주 중요한 대립점이에요. 이제 마지막 정리 발언을 들어야 할 텐데, 그런 취지를 담아서 정리 발언을 하면 좋겠어요. 한국 팀이 먼저 할까요?"

"좀 더 자세히 설명해 주세요!"

교실에 있던 아이들 중 하나가 손을 들면서 말했다. 몇몇 아이들이 "네!" 하며 선생님에게 설명을 요구했다.

"음…… 그러니까 한국 팀은 일본의 식민 통치가 결과적으로 어떤 이익을

남겼다 해도, 그건 원래 조선이 아니라 일본을 위한 것이었기 때문에 일제 강점기는 조선을 수탈한 역사이지 근대화시킨 역사가 아니라는 주장이죠. 일본의 조선 침략이라는 의도를 주로 비판하는 입장이라고 볼 수 있어요."

현희가 고개를 끄떡였다.

"반면에 일본 팀은 처음부터 철도를 놓고 토지 조사 사업 등의 활동을 펼쳤던 것이 조선을 위해 한 거냐 아니냐를 따지기보다는 어쨌든 봉건 시대의 조선을 크게 발전시켰다고 주장하는 거예요. 다시 말해서 결과를 강조하는 입장이라고 볼 수 있어요."

선생님의 얼굴을 보고 있던 지영이 종수를 쳐다보았다. 지영의 시선을 느꼈지만 종수는 마주보지 않았다.

"식민지 역사의 가해국인 일본과 피해국인 한국의 처지가 다르기 때문에 이러한 관점 차이가 나타나는 거겠지요? 정리 발언을 할 때 이러한 입장 차이가 드러나게 해 주면 듣는 사람들이 생각을 잘 정리할 수 있을 것 같아요. 자, 한국 팀부터."

손에 땀이 났는지 세진이 손을 옷에 문지르며 일어났다. 목청 대결이라도 하는 듯 세진이 큰 소리로 정리 발언을 시작했고, 선생님이 손바닥을 위에서 아래로 흔들었다. 세진이 멋쩍은 웃음을 지었고 호준이 헛기침 소리를 냈다.

함께 정리해 보기
일제 강점기 조선 근대화설에 대한 한국과 일본의 쟁점

일본의 주장	논쟁이 되는 문제	한국의 주장
근대적 토지 소유 제도가 만들어졌고, 농업 생산량이 증가했다.	토지 조사 사업 등의 농업 정책	소작농이 늘어났고, 농업 생산물은 일본에 더 많이 돌아갔다.
철도는 일본에 의해 처음 건설됐고, 이때의 노선은 현재도 사용되고 있다.	철도 건설	조선이 스스로 하려던 일로, 나라를 뺏기면서 못 하게 된 것이다.
일본에 의해 조선에 공업이 시작됐고, 오늘날 한국 공업 발전의 기초가 되었다.	공업 발전	일본의 이익을 위한 것이며 현재의 한국 공업 발전과 무관하다.

4장

일본군 '위안부' 피해자 문제, 일본은 책임이 없나?

피고 : 일본

일본군 위안부는 부분적으로 강제나 사기에 의한 경우도 있지만, 대부분 돈을 벌기 위해 자발적으로 한 것입니다. 일부 군대와 정부의 개입이 있기는 했어도, 대부분 민간업자들이 한 일이기 때문에 왕이나 일본 국가가 책임져야 하는 건 아닙니다. 또 배상 문제는 한국과 일본의 협정으로 모두 해결됐습니다. 다만 인도적 차원에서 일본은 민간에서 기금을 모아 위안부 피해자를 지원하려고 합니다.

원고 : 한국과 다른 피해 국가

일본은 여성들을 강제로 끌고 가 성폭행하고 학대했습니다. '위안부' 모집은 대부분 거짓말과 위협으로 이루어졌습니다. '위안부' 문제는 일본의 왕과 수상, 군대에 의해 저질러진 일이므로 당연히 일본 국가가 책임져야 합니다. 한국과 일본 사이의 협정으로 나라 사이의 책임이 해결됐다고 해도 개인에 대한 배상 책임은 남아 있습니다. 또 민간 기금을 모아 지원하겠다는 건 사죄하고 배상해야 하는 일본 국가의 책임을 피하기 위한 것으로, 그런 돈은 받을 수 없습니다.

이 법정 토론은 2000년 12월 8일부터 12일까지 일본 도쿄에서 열린 여성 국제 전범 법정과 2015년에 있었던 한일 일본군 '위안부' 합의 내용을 바탕으로 하여 구성한 것입니다. 여성 국제 전범 법정에 일본 정부는 참석 요구를 거절했지만, 이 책에서는 일본이 참석한 것으로 가정하여 내용을 구성하였습니다.

일본군 '위안부' 피해자 문제, 일본은 책임이 없나?

일본군 성 노예 전범 국제 법정을 가다

"모두 일어서십시오!"

누군가 큰 소리로 말했다. 자리에 앉아 있던 사람들이 모두 일어났다. 숙연한 분위기 속에 판사들이 들어왔다. 드디어 재판이 시작되었다.

그동안 하던 역사 토론을 이번에는 재판 방청으로 대신하기로 했다. 이번 토론 주제는 일본군 '위안부' 피해자 문제였는데, 마침 일본에서 '일본군 성 노예 전범 국제 법정'이 열린다고 해서 이 재판을 보기로 한 것이다.

일본으로 떠나기 전에 이번 재판에 대해 조사해 보라는 선생님의 말에 따라 종수는 인터넷을 살펴보니 여성을 성 노예로 강제 동원한 일본의 전

> **일본군 '위안부' 피해자**
> 1930년대부터 1945년 일본이 패망하기까지 일본이 군인들을 위해 만든 위안소에 끌려가 성폭행을 당하며 살아야 했던 여성들을 말한다. 초기에는 '정신대'라고 불리기도 했으나, 전쟁에 따른 노동력 부족의 해결을 위해 동원했던 정신대와는 다르다. 유엔 등 국제적으로는 '성 노예'라는 용어가 사용되고 있다.
> 위안부가 당시 일본군이 사용한 용어로 진실을 왜곡하는 말이라 해, 한국에서는 작은따옴표를 붙여 표기한다. 이 책에서는 일본 입장의 발언인 경우를 제외하고 이 표기법을 따랐다.

쟁 범죄를 심판하기 위해 열리는 국제 민간 법정이라고 했다.

민간 법정은 나라나 유엔UN, 국제 연합 같은 국제기구에서 하는 재판이 아니었다. 이번 민간 법정은 남한과 북한 그리고 중국, 대만, 필리핀, 말레이시아, 인도네시아, 일본의 시민단체가 공동으로 주최한다고 했다.

이 재판에서 일본에 따져 물을 죄는 '반인도적 범죄'라고 한다. 반인도적 범죄는 제2차 세계 대전 이후 나치 전범을 단죄하기 위해 만들어진 건데, 민간인을 살해하거나 노예로 부리고 성폭행한 것을 처벌한다고 한다. 인간으로서 인간을 존중해야 하는 인도주의를 거역한 범죄로, 국제적으로 엄하게 다루는 죄라고 했다. 살해, 노예, 성폭행……. 그 말들이 너무 으스스 소름 돋게 했다.

재판은 강당 같은 곳에서 열렸다. 커다란 무대 가운데 네 명의 판사들이

앉았고, 그 양쪽으로 사다리 꼴 형태로 검사와 변호인이 앉아 있었다. 학교에서 역사 토론할 때의 자리 배치와 비슷했다. 무대 가운데 높은 곳에 '일본군 성 노예제를 재판하는 여성 국제 전범 법정'이라고 쓴 현수막이 걸려 있었다.

어제 숙소에서 오늘의 법정에 대한 얘기를 했다. 종수는 그전에 '위안부' 피해자 할머니에 대해 들은 적이 있었다. 일본이 전쟁을 벌이면서 군인들 사기를 높인다고 위안소를 만들고 여기에 조선과 중국, 필리핀 등에서 많은 여자들을 끌고 가 성폭행을 했다는 것이다. 그래놓고 일본이 책임을 지지 않는 것이 종수는 무척 분했다. 지금도 일본은 사죄나 배상을 거부하고 있고, 일부 사람들은 여전히 일본의 책임이 없다고 주장한다니 참 뻔뻔한 사람들이라는 생각이 들었다.

"오늘 재판 방청은 수업의 연장이니까 차분하고 진지한 마음으로 보도록 해. '위안부'로 고생하셨던 할머니들이 직접 참석하셔서 증언도 하니까 그분들의 말씀도 잘 듣고. 그렇지만 미리 어떤 결론을 내리지는 마. 일

본이 하는 얘기도 잘 들어 봐야 하니까."

"일본은 자기들 잘못이 없다는 건가요?"

세진이 심각한 얼굴을 하며 말했다.

"오늘 얘기를 들어봐야 알겠지."

"재판에서 이기면 할머니들은 보상을 받나요?"

현희의 물음에 선생님의 표정이 조금 굳어지는 것 같았다.

"이번 재판의 판결은 실제로 효력을 갖지는 못해. 일본이 따르지 않아도 어떻게 할 수가 없어. 민간 법정이니까. 그렇지만 일본군 '위안부' 피해자 문제에 일본의 책임이 있는지 없는지를 밝히고, 그 결과에 따라 일본이 올바른 행동을 해야 한다는 걸 전 세계에 알리는 기회가 될 거야."

"그래도 일본이 책임을 안 지면요?"

"글쎄, 이번 재판이 열리도록 일본에서 시민운동정치, 사회, 환경 문제 등에 대해 정부나 기업이 아닌 시민의 입장에서 하는 운동하는 사람들이 노력을 많이 했어. 과거 일

본이 숨겨 둔 기록을 찾아내는 학자들도 있고, 일본 안에서도 그런 노력이 있으니, 더 노력을 해 봐야겠지."

그렇게 말하는 선생님의 표정에서 희망의 기운이 느껴지지는 않았다.

일본의 왕을 재판하다

"이 법정은 성 노예 문제에 대한 개인의 책임과 일본 정부의 책임을 물을 것입니다."

판사 중 한 사람이 재판의 시작을 알렸다.

"예전에 유엔에서 유고 전쟁 범죄 재판을 할 때 저분이 재판장을 했어."

선생님이 아이들을 둘러보며 작은 목소리로 말했다.

"1991년 옛 유고슬라비아에서 전쟁이 일어났었어. 이때 '인종 청소'라는 이름으로 수많은 민간인들이 학살당하고 여성들이 성폭행당했는데, 여기에 책임이 있는 정치인과 군인들을 심판하기 위해 유엔이 설립한 국제 재판소가 '유고슬라비아 국제 형사 재판소'야."

종수는 유고슬라비아 국제 형사 재판소는 처음 들어보지만, 민간 법정이 더라도 재판은 진짜로 제대로 하는구나, 하는 생각이 들었다.

"검사단의 논고를 듣겠습니다."

"논고가 뭐예요?"

원우가 목소리를 낮추며 말했다.

"재판에서 검사가 어떤 범죄가 있었는지 그게 어떤 법률을 어긴 건지 의견을 말하는 건데, 너희가 토론할 때 입장 발표하는 것과 같은 거지. 그리고 재판을 신청한 쪽을 '원고'라 하고, '피고'는 재판을 받게 된 쪽을 말해."

"예, 일본군 성 노예 전범 여성 국제 법정 공동 검사단은 일본의 전쟁 중 만들어진 모든 일본군 '위안부'를 원고로 해서, 피고로는 히로히토 전 일본 국왕, 도조 히데키, 미나미 지로, 이타가키 세이시로, 오카무라 야스지, 우메즈 요시지로, 안도 리키치, 마츠야마 유조 등 8명을 반인도적 범죄로 기소합니다."

패트리샤라는 이름의 공동 검사단 대표의 말에 이어서 남북한 공동 검사단이 일어났다. 그중 한 사람은 한국의 시민운동가로, 종수도 신문에서 얼굴을 본 적 있는 사람이었다.

"전 일본 왕 히로히토는 일본군 최고 책임자로, 자국 군인이 저지른 범죄에 관여했거나 묵인한 책임이 있습니다. 피고인들은 군대 위안소 정책의 수립과 시행, 위안부 강제 연행, 위안소 내 성폭행과 고문, 학대, 살인, 전쟁이 끝난 뒤 대량 학살 등의 범죄를 저질렀습니다. 또 이러한 범죄는 피고인들의 죄일 뿐만 아니라, 당시 일본의 왕과 수상, 육군 대신 등의 지시에 의한 것이고 각 군 지휘관의 감독과 통제로 이루어진 것이기 때문에 이는 일본이라는 국가의 범죄이기도 합니다. 따라서 일본은 피해자에 대한 공식 사죄와 피해 배상, 책임자 처벌, 피해자 명예 회복 등의 의무가 있으며, 성 노예 범죄 재발을 막기 위한 역사 교육 등의 조치를 취해야 합니다."

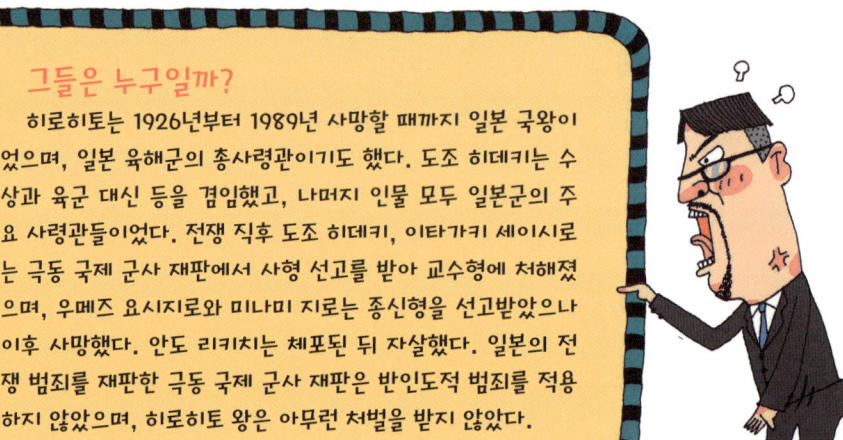

그들은 누구일까?

히로히토는 1926년부터 1989년 사망할 때까지 일본 국왕이었으며, 일본 육해군의 총사령관이기도 했다. 도조 히데키는 수상과 육군 대신 등을 겸임했고, 나머지 인물 모두 일본군의 주요 사령관들이었다. 전쟁 직후 도조 히데키, 이타가키 세이시로는 극동 국제 군사 재판에서 사형 선고를 받아 교수형에 처해졌으며, 우메즈 요시지로와 미나미 지로는 종신형을 선고받았으나 이후 사망했다. 안도 리키치는 체포된 뒤 자살했다. 일본의 전쟁 범죄를 재판한 극동 국제 군사 재판은 반인도적 범죄를 적용하지 않았으며, 히로히토 왕은 아무런 처벌을 받지 않았다.

"예, 일본 측 변호인의 변론을 듣도록 하겠습니다."

일본 변호인들 중 한 사람이 일어나 말을 시작했다. 금테 안경을 쓴 그의 얼굴은 한국에서 보는 한국인의 얼굴과 별반 다르지 않았다. 조금 긴장한 듯이 보일 뿐, 그가 일본 사람임을 알 수 있는 건 일본어를 쓴다는 것뿐이 있다.

"이곳에 일본 정부가 참석해야 할 의무는 없습니다. 그러나 국제적 관심에 부응해 일본의 입장을 명확히 하기 위해 참석했습니다. 이곳이 감정과 편견에 좌우되어 일본을 일방적으로 매도하는 자리가 되지 않기를 바랍니다."

"본 법정은 증거에 따른 사실만을 인정할 것이며, 그것이 국제법이 정하고 있는 사항에 위배되는지 아닌지를 판단할 것입니다. 공정함은 이 법정의 전제이므로 변호인은 공연한 말로 법정을 모독하지 마십시오."

일본 변호인을 바라보며 판사가 단호한 표정으로 말했다. 변호인이 판사를 향해 가볍게 목례를 한 후 말을 계속했다.

"검사단에서 말한 8인의 죄는 사실인지 아닌지를 놓고 논란이 되는 부정확한 것이 있습니다. 일본군 위안부는 부분적으로 강제나 사기에 의한 경우도 있지만, 대부분 돈을 벌기 위해 자발적으로 한 것입니다. 주로 민간에서 이뤄진 것이고요. 기소된 사람들은 모두 이미 사망했으므로 죄가 있었다 해도 처벌할 수 없습니다. 또 일본에서 천황은 과거 일본 법에서 어떠한 법적 책임도 물을 수 없는 존엄한 인물입니다. 히로히토 천황이 검사단에서 말한 범죄를 지시했거나 개입했다는 증거는 없습니다. 일본의 국가 책임은 이미 해결된 것이기 때문에 검사단이 요구하는 사죄와 배상은 성립되지 않습니다."

판사가 검사단 자리로 고개를 돌리며 말했다.

"검사단, 증인 신문을 하십시오."

"네, 판사님. 문필기 씨 증언을 듣도록 해 주십시오."

'위안부' 모집 강제였나, 스스로 한 것이었나?

얼굴에 주름이 많은 한 할머니가 증인석에 앉았다. 검사가 어떻게 '위안부'가 됐는지, 어떤 일을 겪었는지 말해 달라고 했다.

"열네 살 때 이웃집 아저씨와 경찰이 와서 날 데려갔어요. 만주로 갔는데, 말을 안 들으면 인두로 지졌어요. 군인들만 왔고 헌병들이 지키고 있어서 도망은 생각도 할 수 없었어요."

할머니의 증언이 끝나고 또 다른 할머니들이 증언을 했다. 한국인 할머니도 있었고, 중국과 동티모르, 네덜란드 할머니도 있었다. '위안부' 피해자가 이렇게 많은 나라에 있는 것에 종수는 놀랐다. 일본이 전쟁을 벌이면서 일본 군인이 있었던 거의 모든 곳에서 '위안부' 문제가 있는 것이었다.

"1942년에 후이친의 위안소에 도착해서 일본 군인에게 처음으로 성폭행을 당했어요. 처음에 저항을 했다가 귀를 얻어맞았어요. 오른쪽 귓불이 찢어지고 피가 흘렀는데, 상처를 제대로 치료하지 않은 채 내버려 두어 오른쪽 귀가 들리지 않아요. 그곳에서 '기모코' 또는 '9번 방'이라고 불렸어요. 일본 군인이 많이 오는 날이면, 약 40명가량의 군인들을 받아야 했어요. 그때는 씻을 시간도 없었어요. 위안소의 경영자는 여자들을 종종 때리고 감시를 했어요. 끔찍한 전쟁터였기 때문에 도망갈 엄두도 못 냈어요."

한 할머니는 증언을 하다 가슴을 치며 울음을 터뜨렸다. 할머니는 "내 꽃 같은 청춘을 짓밟은 일본 정부는 우리 앞에 사죄하고 배상하라!"고 울부짖었다. 할머니의 울부짖음에 법정은 한동안 숙연했다. 방청석 이곳저곳에서 훌쩍이는 소리가 들렸다.

"음, 지금까지 여러 증인들의 증언을 들었습니다. 이들은 모두 강제로 또는 속임수에 의해 위안소에 끌려가 본인들의 자유로운 의지에 반하여 '위안부' 생활을 했음을 알 수 있었습니다. 그 과정에서 지속적인 감시와 폭행, 고문이 있었음도 확인할 수 있었습니다."

"또 다른 증인 신문이 있습니까?"

또 다른 검사가 일어났다. 선생님은 그가 북한 사람이라고 했다.

"판사님, 박영심 씨의 증언을 들을 수 있게 해 주십시오."

안경을 쓴 작은 몸집의 할머니가 나왔다.

"제가 열다섯 살 때, 1938년 3월이었어요. 일본 순사가 돈벌이 많이 되는 곳에 가자고 해서 따라갔어요. 남포에서 평양으로 갔다가 난징 위안소로 갔어요. 그

곳에서 일본 이름으로 불리며 3년 정도 '위안부' 생활을 했어요. 처음에 거부하다 칼로 목을 찔리기도 했어요. 하루 평균 30~40명의 일본군을 상대해야 했어요. 이후 상하이로 갔다가 싱가포르를 거쳐 버마 랑군 위안소로 갔어요. 일본군에게 밥도 해 줘야 했어요. 1944년 9월, 연합군 포로가 됐을 때는 임신한 상태였는데, 어느 날 아이가 배 속에서 죽었어요."

"사진 자료가 당시 미군 정보지에 있습니다. 화면을 봐 주세요."

무대 양쪽으로 걸린 커다란 스크린에 옛날 사진 한 장이 올라왔다. 남루한 모습의 여자들이 있고 그 뒤에 한 남자가 웃고 있는 사진이었다. 맨 앞에 보이는 한 여자는 임신한 듯 배가 불룩했으며 몸이 많이 불편해 보였.

검사가 사진을 가리키며 말했다.

"여기 이 사진의 임신한 여성이 증인입니까?"

"……예, 그렇습니다."

할머니의 목소리는 낮고 떨렸다. 검사가 목을 가다듬으며 말했다.

"마사노리라는 당시 일본 군인이었던 사람은 임신한 여성이 와카하루라고 증언했고, 요타 스요시는 《라모》라는 책에서 와카하루라는 여성이 당시 스물두 살로 박영심으로 불렸다고 기록하고 있습니다."

임신 중인 박영심 할머니 사진

검사가 자리로 돌아간 후 변호인석을 보며 판사가 말했다.

"변호인, 반대 신문 하십시오."

"다시 증인을 부르지는 않겠습니다. 검사단이 세운 증인들은 모두 강제로 위안부가 됐다는 사람들일 뿐으로, 이는 검사 주장에 유리한 증인만 세운 것입니다. 위안부는 자신의 의사에 따른 것임을 밝히겠습니다. 여기 이 사진을 봐 주십시오."

일본 변호인이 내민 사진에는 '군 위안부 급모', '위안부 대모집'이라고 쓰여 있었다.

일본 변호인의 말에 따라 스크린에 뭔가를 복사한 듯한 사진이 떴다.

"이 사진은 위안부 모집을 하는 신문의 광고입니다. 이것은 위안부가 강제가 아닌 방식으로 이루어진 것임을 보여 주는 자료입니다. 그리고……."

"잠깐만요. 그 광고는 어디에 난 것입니까?"

남한 검사가 변호인의 말을 끊고 물었다.

"1944년 〈매일신보〉와 〈경성일보〉에 난 광고입니다."

"그건 조선 총독부에서 발행한 신문이죠?"

"그렇습니다."

"그렇다면 이건 조선 총독부가 '위안부' 모집에 관여했다는 증거일 수도 있겠네요?"

남한 검사의 물음에 일본 변호인이 안경을 고쳐 쓰며 말했다.

"신문에 난 광고일 뿐입니다. 한국에서는 어떤 광고를 내면 언론사가 그 상품을 만든 것으로 보나요?"

남한 검사가 피식 웃으며 말했다.

"이 광고로 어떤 여성이 자기 의사에 따라 '위안부'가 됐으리라는 것을 추측할 수는 있을 겁니다. 그러나 이를 근거로 많은 여성이 강제로 끌려갔다는 사실이 없다고 주장하는 겁니까?"

"위안부 문제의 진실을 제대로 봐야 한다는 겁니다."

"부분적인 사실로 전체를 그렇다고 말할 수는 없습니다."

"문제의 한 면만을 갖고 얘기해서는 안 된다는 겁니다. 강제적이었다는 것도 피해자의 주장만 있는데……."

일본 변호인이 말끝을 흐리는데 한국 검사가 판사석을 향해 몸을 돌리며 큰 소리로 말했다.

"판사님, 또 다른 증인을 신청합니다."

이번에 나온 사람은 '위안부' 할머니가 아니었다. 할아버지였다.

"증인에 대해 말씀해 주십시오."

"저는 요시오 스즈키입니다. 1942년부터 전쟁이 끝날 때까지 중국 산둥성에 있었습니다. 일본 군인이었습니다."

방청석 여기저기에서 웅성거리는 소리가 들렸다. 옆에 있던 호준이가 벌떡 일어나자 선생님이 팔을 잡아 자리에 앉혔다. 종수도 자세히 보고 싶은 마음에 몸을 앞으로 기울였다.

"증인이 알고 있는 위안소와 '위안부'에 대해 말씀해 주십시오."

"1944년에 위안소에 갔었습니다. 처음엔 위안소 여자들이 돈을 벌기 위해 왔다고 생각했어요. 마사오라는 조선 여성이 있었습니다. 그녀는 군대

간호부가 될 것으로 알고 왔는데, 도망가고 싶다고 했어요. 그때 그녀들이 강제로 끌려왔다는 생각을 했어요."

또 다른 할아버지가 증인으로 나왔다.

"저는 가네코 야스지입니다. 일본 관동군 소속 군인이었습니다. 1943년에 처음 위안소에 가 봤습니다. 그곳의 '위안부'는 모두 조선인이었습니다."

"증인이 본 위안소의 여성들은 자신의 의지로 온 사람들이었습니까?"

"아니오. 또, 거기서 일하는 사람들은 모두 고통스럽게 일하고 있었습니다. 빚으로 속박되어 자유행동은 불가능했습니다."

"당시 군인으로서 위안소를 이용한 것에 대해 어떻게 생각합니까?"

"우리의 행동을 고백하는 전직 병사를 '일부의 악인'이라 하는 사람이 있어요. 확실히 우리는 악인이었어요. 피해자도 우리를 악귀로 보았을 거예

요. 누가 우리를 악귀로 만들었나요? 누구도 좋아서 악귀가 되는 건 아닙니다. 군대는 죽이라고 하면 죽여야 하는 조직이에요."

할아버지의 목소리는 떨렸고, 말을 마친 그의 표정은 화난 사람 같았다. 장내는 조용했다.

"두 분의 용기 있는 고백에 감사드립니다. 일본 변호인은 자발적으로 '위안부'가 된 여성이 있다는 주장으로 참혹한 성 노예 생활을 해야 했던 '위안부'가 강제로 동원된 것이었다는 사실을 희석하려 합니다."

"변호인, 반대 신문 있습니까?"

판사의 물음에 일본 변호인이 일어났다. 안경을 쓴 사람이 아닌 다른 사람이었다.

"앞의 증언에서도 나왔지만 위안부를 모집하는 데는 당시 조선인들도 참여했습니다. 일본의 책임만을 말하는 건 부당합니다. 게다가 한국 역시 전쟁 때 위안소를 운영하지 않았습니까?"

이게 무슨 소린가? 종수는 뭘 잘못 들었나 싶었다. 방청객들의 웅성거리는 소리가 들렸다. 선생님에게 물어보려니 다른 아이들도 선생님을 바라보고 있었다.

"선생님, 저게……."

"좀 더 들어 보자."

선생님이 앞에 둔 시선을 돌리지 않은 채 무겁게 말했다.

"당시 조선은 식민지였고 모든 권력을 일본이 행사하고 있었음을 잊지 마십시오. '위안부' 제도를 만들고 실시한 것은 일본이고 일부 조선인들은 그 하수인 역할을 한 것뿐입니다. 그 사람들을 단죄하는 것은 별개의 문제이며 그것으로 일본의 책임이 없어지는 것이 아닙니다."

"한국이 위안소를 만든 건 한국 전쟁 때입니다. 독립 후죠."

남한 검사의 목소리가 조금 떨리는 듯했다.

"그건…… 이번 재판과 무관한 문제입니다."

일본 변호인이 천천히 말했다. 그 목소리가 차갑게 들렸다.

"일본이 위안소를 만든 게 잘못된 것이라면, 한국이 위안소를 운영한 것도 잘못된 것 아니겠습니까?"

"단지 위안소가 아니라 여성들을 강제로 끌고 가 '위안부' 생활을 강요하고, 성폭행하고 학대한 죄를 묻는 것입니다."

"한국의 위안소는 그렇지 않았다는 겁니까?"

"그에 대해서는 밝혀진 것이 없습니다."

"한국의 김귀옥 교수의 발표에 따르면……."

한국군 위안소

1956년 육군 본부가 발행한 〈후방전사〉 인사편에는 군인들의 사기 앙양 등을 위해 서울과 강릉 등 지역에 '특수 위안대'를 설치해 운영했으며 1954년 3월 폐쇄했다고 기록되어 있다. 이 기록에 따르면 각 지역마다 13~30명의 '위안부'가 있었다.

"이 법정에서 다루는 죄는 일본의 반인도적 전쟁 범죄입니다. 한국에 문제가 있다면 그것은 별도로 심판할 문제입니다. 한국에도 문제가 있으니 일본의 범죄가 용서되어야 한다고 주장하는 겁니까?"

검사의 목소리가 커졌다. 판사가 몸을 꼿꼿이 세우며 말했다.

"검사, 변호인. 주의하십시오. 법정의 엄숙함과 논점을 흩트리는 것을 용납하지 않을 것입니다. 재판을 오후에 다시 열겠습니다. 휴정합니다."

'위안부' 배상, 일본의 책임은 끝났나?

종수는 검사와 변호인이 벌이는 논쟁을 보며 방청석에 앉아 있었지만, 마치 자신이 토론을 하는 듯한 긴장감을 느꼈다. 그러나 긴장감은 이제 당혹감으로 변했다. 한국이 위안소를 운영했다니. 가장 많은 '위안부' 피해자가 있는 나라에서 어떻게…….

선생님도 처음 듣는 얘기인지 더 알아봐야겠다는 말만 했다. 그런 선생님의 표정을 보며 아이들은 더 혼란스러웠다. 그게 사실이라면, 한국이 일본을 비난할 자격이 없는 거 아닌가.

재판이 다시 시작되었다. 종수는 우울한 기분이 들어 집중이 되지 않았다. 연신 키득대던 세진과 호준도 조용했다.

"많은 증인의 증언을 통해 일본이 일으킨 전쟁 기간에 아시아에 있던 많은 여성이 강제로 끌려가거나 속임수에 의해 '위안부'가 됐으며, 이들은 일본군의 감시 아래 지속적인 성폭행과 학대를 받았다는 사실이 밝혀졌습니다. 이것은 일부 군인이나 관리가 벌인 개인의 범죄가 아니라 일본이라는 국가가 저지른 전쟁 범죄, 반인도적 범죄입니다. 따라서 일본이 사죄와 배상을 통해 그 책임을 져야 할 것입니다."

검사단 대표의 말이 끝난 후 판사가 변호인을 불렀다.

"판사님, 일본은 이미 위안부 출신 할머니들에게 사죄의 말씀을 드린 적이 있습니다. 또한 피해자들에게 경제적인 지원이 이루어지도록 노력하고 있음을 말씀드립니다."

"그렇다면 기소된 범죄에 대해 유죄를 인정하는 건가요?"

판사가 물었다. 변호인이 난처한 표정을 지으며 말했다.

"그건…… 다른 문제입니다. 히로히토 천황에게 책임을 물을 수는 없습니다. 도쿄 전범 재판도 그분을 법정에 세우지 않았습니다. 또 일본의 책임을 묻는 것도 국제법상 타당하지 않습니다."

일본의 사죄

일본의 관방 장관은 1993년 8월 위안소가 군 당국의 요청에 의해 설치된 것이며, '위안부' 모집이 본인들의 뜻에 반해서 이루어졌고 '위안부'들이 강제적 상황에서 처참한 생활을 했다는 조사 결과를 발표했다. 또 '위안부' 피해자 할머니들에게 '마음으로부터 사죄와 반성을 한다.'고 했다. 그러나 2007년 3월, 일본 내각회의는 '위안부' 강제 동원을 공식 부인했다.

"도쿄 전범 재판은 반인도적 범죄를 다루지 않았으므로 그것과 무관하게 이 법정에서는 유죄 여부를 다룰 수 있습니다."

단호한 어조로 판사가 말했다. 이어 남한 검사가 발언을 신청했다.

"판사님, 일본은 사죄를 했다고 하지만 여성들을 '위안부'로 강제 동원했다는 사실을 부인하고 있으며 배상 책임을 인정하지 않고 있습니다. 변호인이 말하는 경제적 지원이란, 민간에서 돈을 모아 지급하겠다는 것입니다. 이것은 범죄에 대한 배상금이 아니며, 일본의 국가 책임을 인정하지 않는 것입니다."

"위안부 모집은 일본군과 일본 정부 관리의 개입이 있었다 해도 대부분 민간업자에 의해 이루어졌습니다."

"일본 정부가 개입한 것은 의심의 여지가 없습니다. 당시 관동군 등 일본 군대의 사령관들은 위안소 설치를 명령했고, 일본 정부는 이러한 요청을 승인했습니다. '위안부'로 끌고 가는 것에 조선 총독부 등 일본의 행정 기관이 동원되었고 '위안부'들을 실어 나르는 데 군함이 사용된 것은 일본의 정부와 군대가 여기에 관여했음을 의미합니다. 이러한 일들이 개인이 한 것이라 해도 이를 금지하거나 가해자를 처벌하지 않은 것은 국가의 책임입니다. 따라서 일본이 그 책임을 지는 것은 당연합니다."

북한 검사의 말이 이어졌다.

"히로히토 왕은 일본인들이 충성을 바친 일본의 지배자였으며, 전쟁 기간 동안 일본군의 총사령관이었습니다. 그의 명령과 결정은 일본 정부의 관리, 일본군에 의해 무조건적으로 수행됐습니다. 히로히토 왕이 그의 정부와 그의 군대가 하는 일을 모를 수 없으며, '위안부' 문제 역시 마찬가지입니다. 설사 몰랐다 해도 최고 권력자로서 그의 군대가 민간인들의 안전을 위협하지 않도록 해야 할 의무를 지키지 않은 죄를 피할 수는 없습니다."

"히로히토 천황은 이미 돌아가신 분이란 걸 생각해 주십시오. 이 법정이 일본에게 물으려 하는 죄목은 유엔이 만들어지기 이전의 일입니다. 유엔의 전범 재판에 근거하고 있는 법정에서 유엔 창설 이전의 일을 단죄하는 것은 부당합니다."

일본 변호인의 말을 남한 검사가 받았다.

"변호인은 전쟁 기간의 성 노예 문제에 관해서는 과거를 포함해 모든 문제에 유엔이 대응하기로 1993년 유엔 세계 인권 회의가 결의했음을 기억해 주시기 바랍니다."

변호인이 어깨를 한번 으쓱했다.

"한국과는 지난 1965년 한일 협정에서 청구권 협상으로 배상 문제가 타결됐습니다. 따라서 일본은 한국에 배상할 것이 없습니다. 이는 한국 정부도 인정하고 있는 것입니다."

"일본은 그때 지불한 돈이 식민 지배에 대한 배상금은 아니라 하지 않았습니까?"

남한 검사의 말에 일본 변호인이 어색한 웃음을 지으며 대답했다.

"아, 예. 그건 어디까지나 한일 관계 발전을 위한 인도적 차원의, 경제 협력을 지원하기 위한 것이었습니다. 독립 축하금이기도 하고……."

"한국에 지급된 돈이 식민 지배에 대한 배상이 아니라면 한일 협정으로

'위안부' 피해자들에게 배상 책임이 없다는 일본의 주장은 앞뒤가 맞지 않습니다."

"그건…… 한국도 마찬가지 아닙니까? 한국은 식민지 피해에 대한 배상금으로 청구했고, 그렇게 사용하겠다고 했으니까요."

"한일 협정에서 '위안부' 피해자에 대한 배상 문제는 논의되지 않았어요."

"그 문제를 제기하지 않은 것은 한국 정부의 문제입니다. 한일 협정에서 배상 문제는 포괄적으로 해결됐고, 그에 따라 일본에 추가 보상을 요구하지 않는다는 것이 한국 정부의 입장 아닙니까?"

"한국 정부의 입장은 한일 관계를 고려한 소모적인 배상 논쟁을 하지 않겠다는 것일 뿐입니다. '위안부' 피해자들이 직접 일본 정부에 배상을 요구할 권리를 부정하는 것이 아닙니다."

"어쨌든 한국은 일본에서 배상금 성격으로 돈을 받았고, 그 돈으로 경제 발전을 했습니다. 그렇기 때문에 한국 정부도 더는 배상 청구를 하지 않겠다는 것입니다."

"일본의 주장대로 한국 정부가 청구권을 포기했다고 해도 중대한 인권 침해를 받은 개인의 배상을 요구하는 권리까지 포기되는 것이 아니라는 게 국제 사회의 입장입니다."

"일본은 그것에 동의하지 않습니다."

"2007년 유럽 의회는 일본 정부에 '위안부' 여성들에게 사죄와 배상을 요청하는 결의를 했습니다. 미국, 캐나다, 네덜란드에서도 있었고요. 일본은 이러한 국제 사회의 요청을 무시하는 겁니까?"

한일 협정

1965년 대한민국과 일본 사이의 국교 관계를 규정한 한일 기본 조약을 말한다. 청구권 협정을 통해 일본은 한국에 3억 달러를 지불했는데, 이것이 식민 지배에 대한 배상금인지를 명확히 하지는 않았다. 한국이 지나치게 양보한 굴욕 협상이라며 당시 야당과 학생들 등 사이에서 강한 반대 운동이 있었다. 한국 정부는 일본에서 받은 돈으로 포항제철(지금의 포스코)을 짓고, 경부 고속 도로를 건설하는 등 경제 개발을 위한 산업과 시설에 투자했다.

"국가 간 합의를 뒤집는 한국이 국제 사회의 약속을 말할 자격이 있습니까?"

"청구권 얘기는 이미……."

"아니, 2015년에 양국 외교장관 회담으로 불가역적인 합의를 해 놓고, 이걸 지키지 않는 것에 대해 말하는 겁니다. 한국은 대통령이 바뀌었다고 국가 간 약속을 깨트리고 다시 일본을 비방하고 있어요. 이거야말로 국제 사회의 신의를 무시하는 거 아니겠어요?"

일본 변호인의 말하는 기세가 제법 사나웠다. '불가역적'이 되돌릴 수 없다는 뜻이라고 선생님이 속삭였다.

"그 합의는 '위안부' 피해자들의 의견이 제대로 반영되지 않았어요."

"한국은 자국민의 의견이 뭔지도 모르고 협상했다는 겁니까? 그건 한국 정부에서 책임져야 할 문제지, 국가 간 합의를 깨도 되는 이유가 될 수 없어요."

검사의 표정이 어딘가 불편해 보였다. 일본 변호인의 말이 이어졌다.

"일본은 총리가 사과도 했고, 위안부를 지원하는 데 쓰라고 돈도 보냈어요. 그런데 한국은 뭘 했습니까? 우리 대사관 앞의 소녀상 철거도 안 하고……."

소녀상 앞에서 기념사진 찍었던 게 떠올랐다. 시민들이 만든 걸 나라에서 없앨 수 있나 선생님에게 물어보려는데 검사의 말이 들렸다.

"2015년 합의가 깨진 건 일본 때문입니다. 불가역적인 합의라면서 다시 국가의 책임을 부정하고, 피해자들을 스스로 원해서 '위안부'에 지원한 사람들로 왜곡하고 있어요. 문제를 합의 이전으로 되돌려 놓은 건 일본 아닙니까?"

일본 변호인은 대답하지 않고 입을 굳게 다문 채 앞만 바라보았다. 그런 변호인을 쳐다보다 검사가 자리로 돌아가 앉았다.

검사와 변호인의 공방을 보는 동안 자신도 모르게 몸에 힘이 들어가 어깨가 아파 왔다. 누군가 숨을 내쉬는 소리가 크게 들렸다.

무거운 정적이 흘렀다. 이윽고 판사가 말했다.

"오늘 재판을 마치겠습니다. 내일 오전에 다시 열도록 하겠습니다."

여성 국제 전범 법정은 2001년 12월, 히로히토 왕의 성 노예제에 대한 유죄와 일본 정부가 위안소 제도의 설치와 운영에 대해 국가 책임을 진다고 최종 판결하였습니다.

인권보다 나라 이익이 먼저일까?

서둘러서 나왔는데도 법정 밖에는 많은 사람이 모여 있었다. 이곳저곳에서 많은 사람이 제각기 무리를 지어 구호를 외치고 있었다. 그중에는 "일본 정부는 일본군 '위안부' 피해자를 역사에 기록하고 교육하라!"는 구호가 적힌 천을 가슴에 두른 한국인들도 있었다.

종수는 이렇게 많은 사람이, 그것도 한 나라의 사람들이 아님에도 하나의 문제로 모였다는 게 신기했다. 그런 사람들 속에 자신이 있다는 게 어떤 역사적 순간 속에 있는 것처럼 흥분되고 뿌듯했다.

다른 쪽에서는 수십 명의 청년들이 모여 일본어로 쓰인 큰 천을 들고 구호를 외치고 있었다. 그들은 이번 재판을 반대하는 일본인 시위대라고 했다. 그들이 타고 온 듯한 승합차에는 커다란 스피커가 달려 있었고 알 수

없는 외침이 계속 울려 나왔다. "군대 위안부는 강제 동원되지 않았다!", "태평양 전쟁은 순결한 전쟁이다!" 선생님은 그들이 말하는 게 그런 뜻이라고 했다.

종수는 이번 재판을 하는 데 일본 시민 단체들이 많은 노력을 했다는데, 이 재판에 반대하는 사람들도 있구나 싶었다. 나라 사이의 문제는 해결이 참 쉽지 않은 거구나, 하는 생각도 들었다.

하나의 문제에 대해 한 나라 안에서도 생각이 다를 수는 있지만, 인권 문제에 대해서도 그렇다는 건 이해가 안 됐다. 인권을 지키는 건 세계 공통의 의무라는데, 어린 여자들을 끌고 가 성폭행하고 노예처럼 부렸으면 당연히 사죄하고 배상해야 하는 게 아닌가. 민주주의 나라에서도 인권보다는 나라 이익이나 체면이 먼저인 걸까. 한국이라면 어떨까.

한국군 위안소에 있던 사람들이 배상을 요구하면 한국은 일본과 다르게 행동할 수 있을까. 한국군 위안소는 선생님도 모를 만큼 왜 알려지지 않았을까. 거기에는 아무 문제가 없어서일까.

수많은 사람들로 발 디딜 틈조차 없는 곳을 벗어나려니 쉽지가 않았다. 사람들 속에 서 있으니 하늘도 제대로 보이지 않았다. 선생님이 주위를 살피며 걱정이 많은 표정으로 말했다.

"사람이 너무 많구나. 사람들에 휩쓸려서 길을 잃을 수 있으니 서로 손을 꼭 잡아라."

세진과 호준이 어깨동무를 하고 선생님 뒤를 바짝 따라갔다. 종수가 지영에게 손을 내밀었다. 머뭇거리는 듯하던 지영이 종수의 손을 살짝 잡았다. 사람들의 물결 속에서 선생님과 일행을 놓치지 않고 따라가려니 쉽지가 않았다.

여차하면 잡은 손이 풀릴 것 같았다. 종수가 손에 힘을 주었다. 지영의 손에서도 힘이 느껴졌다. 누구 손에서인지 땀이 났다.

주권면제와 강행규범

2021년 4월 21일, 한국 법원은 위안부 피해자들이 일본을 상대로 낸 손해배상청구를 받아들이지 않았다. 같은 해 1월의 1심 재판에서는 피해자들의 청구를 받아들였으나, 2심에서 이를 뒤집은 것이다. 2심 재판부는, 한 국가의 잘못된 행위가 있다 해도 다른 국가 법원이 이를 재판할 수 없다는 국제법의 주권면제 원칙을 판결 근거로 내세웠다. 이에 대해 집단살해, 인종차별, 노예, 고문 등 반인도적 범죄는 보편적 인권을 지키기 위한 '강행규범' 대상으로 주권면제 원칙이 적용되지 않는다는 비판이 나오고 있다. 강행규범이 주권면제보다 위에 있는 국제법이라는 것이다.

함께 정리해 보기
일본군 '위안부' 피해자 책임에 대한 한국과 일본의 쟁점

일본의 주장	논쟁이 되는 문제	한국의 주장
강제만은 아니고 자발적으로 이루어진 것도 있다.	'위안부' 모집의 강제성	일부 사례가 있을지라도 대부분 거짓말과 위협으로 이루어졌다.
위안부 모집은 일부 군대와 정부가 개입했으나, 대부분 민간업자들이 한 것이다.	일본 국가의 책임	'위안부' 피해는 일본 왕과 수상, 군대에 의해 저질러진 일로, 일본 국가가 책임을 져야 한다.
한국과 일본의 협정으로 모두 해결됐으므로 배상 책임 없다.	배상 책임	나라 사이의 책임이 해결됐어도 개인에 대한 배상 책임은 남아 있다.
인도적 차원에서 민간 기금을 모아 피해자들을 지원하겠다.	민간 경제 기금	일본 국가의 책임을 피하기 위한 돈이므로 받을 수 없다.

5장
야스쿠니 신사 참배, 한국은 왜 반대하나?

야스쿠니 신사 문제는 전쟁 범죄자로 처벌받은 사람들을 위해 제사를 지내는 곳에 일본의 총리가 참배를 하기 때문에 생기는 문제야. 이 논쟁을 이해하려면 먼저 야스쿠니 신사가 어떤 곳인지에 대한 한국과 일본의 주장을 비교해 봐야 해. 그리고 일본 총리가 이곳에 참배하는 것이 왜 문제가 되는지, 이에 대한 일본의 주장은 무엇인지를 살펴봐야 하지. 또 이곳에는 한국인들도 모셔져 있어. 어떻게 이런 일이 일어났는지, 이에 대한 두 나라의 주장이 무엇인지도 잘 보도록 해.

일본 팀

야스쿠니 신사는 전쟁 희생자들을 추모하는 시설이야. 따라서 나라를 위해 희생한 사람들에게 나라를 대표하는 총리가 참배하는 건 당연한 거야. 한국의 대통령도 현충원에 참배하잖아? 전쟁 범죄자로 처벌받은 사람이 일부 있지만, 그건 민간 종교 시설인 야스쿠니 신사에서 결정한 일이므로 일본 정부는 책임이 없어. 또 한국인들이 모셔져 있는 것은 그 사람들이 일본인으로서 죽은 것이기 때문에 문제 될 게 없어.

한국 팀

야스쿠니 신사는 일본이 일으킨 침략 전쟁을 정당화하는 전쟁 기념 시설이야. 일본의 총리가 전쟁 범죄자로 처벌받은 사람들에게 참배하는 건 침략 전쟁을 일으킨 것을 전혀 반성하지 않는 태도야. 야스쿠니 신사에 전쟁 범죄자 명단을 모아서 보낸 건 일본 정부인데, 책임이 없다고 하는 건 옳지 않아. 또 야스쿠니에 모셔진 한국인들은 일제 강점기 때 강제로 끌려간 거고, 유족이 반대하기 때문에 그곳에 모시면 안 돼.

야스쿠니 신사 참배, 한국은 왜 반대하나?

한국 팀 할까, 일본 팀 할까?

"이번 토론 주제는 야스쿠니 신사 참배 문제예요. 한국과 중국, 일본 사이에서 외교적으로도 큰 문제가 되는 주제죠. 신사는 일본의 전통 종교인 '신토'에서 신을 모시고 제사를 지내는 곳이에요."
"그게 왜 문제가 되나요?"
"일제 강점기 때 조선인들을 억지로 신사 참배시키고 그랬잖아."
호준의 물음에 현희가 핀잔을 주었다.
"후후, 그렇지. 하지만 이번에는 그 문제가 아니야."
머쓱해진 현희를 향해 호준이 혀를 내밀었다. 현희가 눈을 흘겼지만 호준은 히죽 웃기만 했다.

"모든 신사가 아니라 야스쿠니라는 신사가 문제고, 여기에 일본의 총리가 참배하는 게 문제죠."

선생님이 아이들을 한번 둘러본 뒤 말을 이어 갔다.

"야스쿠니 신사는 일본 도쿄에 있는데, 천황을 위해 싸우다 죽은 사람들, 일본이 벌인 전쟁에서 죽은 사람들의 위패죽은 사람 이름이 써 있는 나무패를 모시고 제사를 지내는 곳이에요."

"무슨 전쟁이요?"

"청일 전쟁, 러일 전쟁 그리고 중일 전쟁, 태평양 전쟁……. 이 신사에는 또 조선을 침략할 때 죽은 사람도 있어요. 갑신정변 때도 그렇고, 의병을 상대로 싸우다 죽은 사람도 있고……."

"나쁜 사람들만 있네, 뭐."

"후후, 한국이나 중국 입장에서는 그럴 수 있지만, 일본 사람들 생각은 다를 수 있어."

"그래서 일본 총리가 참배하는 걸 반대하는 거예요?"

"꼭 그렇지는 않아요. 여기서는 전쟁 범죄자로 처형된 사람까지 제사를 지내는데, 한국이나 중국 입장에서는 이런 곳에 일본 정부의 대표인 총리가 참배를 하는 것이 일본이 침략의 과거를 반성하지 않는 태도로 보이기 때문이에요. 일본은 신사 참배가 문제가 없고 당연한 일이라고 하고 있고요. 자, 이번 토론에서는 야스쿠니 신사 참배가 어떤 문제인지를 밝혀 보도록 해요."

팀을 정하기 위해 이번에는 가위바위보를 하기로 했다. 현희와 호준에게 떠밀려 종수가 나섰다. 지영 팀에서는 원우가 나왔다. 두 번을 비긴 후 종수가 이겼다. 호준과 현희가 환호성을 지르며 두 손을 번쩍 쳐들었다. 종수도 안도의 한숨을 쉬었다. 세진이 원우를 타박했고 그런 세진을 지영이 말렸다. 선생님이 미소를 지으며 물었다.

"종수! 한국이야, 일본이야?"

순간 종수의 머릿속이 복잡해졌다. 머뭇거리는 종수를 선생님이 의아해하는 표정으로 보았다. 이를 보던 호준이 나섰다.

"에이, 선생님. 당연히 한국이죠. 그렇지?"

종수를 쳐다보았으나, 현희가 대답했다.

"당연하지."

선생님이 고개를 끄떡였다. 종수도 고개를 끄떡였다.

준비 모임을 하면서 호준이 물었다.

"야, 너 아까 왜 머뭇거렸어? 설마 일본 팀 하려고 한 건 아니지?"

"모르겠어. 가위바위보를 할 때만 해도 이기면 당연히 한국 팀 할 거라고 생각했는데……."

"그런데, 왜……."

"선생님이 물으시는데, 갑자기 싫은 생각이 드는 거야."

"일본 팀을 하고 싶다고? 미쳤어? 이겨 놓고 왜?"

"아니, 그런 거는 아닌데……. 왠지 한국 팀 하는 게 자신이 없다는 생각이 들었어."

호준이 말하려는 걸 현희가 막아섰다.

"지난번에 일본에 가서 들은 이야기 때문에 그런 거지, 그치? 나도 좀 그래. 한국이 위안소를 만들었다니, 정말 실망이야. 일제 강점기 때도 한국 사람이 나서서 여자들을 끌고 가고 그랬다는데……. 어휴, 일본만 나쁘다고 할 수 있나 싶더라."

"야, 그건 다른 문제라고 재판에서도 얘기했잖아."

호준이 답답하다는 듯이 말했다.

"일본이 잘했다는 게 아니야. 난 그냥…… 한국 팀을 한다고 무조건 이길 수 있을 거라는 생각이 요즘은 안 들어. 그냥 화도 좀 나고……."

종수가 힘없이 말했고, 호준도 더는 말하지 않았다.

야스쿠니 신사는 어떤 곳인가?

"야스쿠니 신사는 일본을 위해 싸우다 죽은 전사자들을 추모하기 위한 곳입니다. 한국의 현충원 같은 곳으로, 한국 대통령이 현충원을 찾는 것처럼 일본에서는 총리가 참배하는 것인데, 그게 왜 문제입니까?"

일본 팀에 이어 한국 팀의 입장 발표가 끝나자 세진이 조금 과장된 표정을 지으며 말했다. 한국 팀 현희가 마음에 안 든다는 얼굴로 반박했다.

"야스쿠니 신사가 국립묘지 같은 곳이라는 건 잘못된 주장입니다. 현충원 같은 곳이라면 일본이 일으킨 전쟁 때까지 죽은 사람들만 있으면 안 돼죠. 그 후에 일본을 위해 죽은 사람들도 같이 있어야죠."

"현충원 같은 국립묘지라는 게 아니고, 그거랑 비슷한 곳이라는 거죠."

"기면 기고 아니면 아니지 그게 뭡니까?"

한국 팀 호준이 퉁명스럽게 말했다. 세진이 호준을 흘겨보며 대답했다.

"일본에는 전쟁 때 죽은 사람들을 위한 특별한 국가 추모 시설이 없고, 야스쿠니 신사에 모아 놓고 제사를 지내기 때문에 국립묘지와 비슷한 역할을 한다는 겁니다, 네?"

세진의 말꼬리가 올라갔다. 얼른 현희가 말했다.

"아무리 일본에서는 현충원 같은 곳이라고 해도 총리가 가서 참배해야 하는 건 아니죠. 다른 나라에서 반대하는데……."

"반대하는 게 잘못된 거죠. 자기 나라를 위해 죽은 사람을 추모하는 걸 못 하게 하는 게 잘못된 거 아니겠어요?"

"그걸 하지 말라는 게 아닙니다. 하필 왜 야스쿠니 신사에 가느냐는 거죠. 거기는 안에 전쟁 기념관 같은 걸 만들어서 일본이 일으킨 전쟁이 정당한 것이었다고 선전하고 있잖아요."

한국 팀 현희가 답답하다는 표정을 지었다.

"일본 총리는 전쟁 기념관에 참배하러 가는 게 아닙니다. 야스쿠니 신사는 민간 시설이고요."

"야스쿠니 신사는 전쟁 전까지 일본 정부에서 관리하던 곳이었고, 천황에 목숨을 바쳐 충성하는……."

야스쿠니 신사

야스쿠니 신사는 1978년부터 극동 군사 재판에서 전쟁을 일으키거나 수행한 죄가 인정돼, 가장 죄가 무거운 A급 범죄자로 처벌받은 도조 히데키 등 14명의 위패와 B급 이하 범죄자들의 위패를 안치하고 있다. 또 야스쿠니 신사 시설 중 '유슈칸'은 1881년 국립 군사 박물관으로 건설돼 군국주의 사상 보급에 커다란 역할을 했다. 전쟁 이후에도 군사 박물관으로 쓰였으며, 야스쿠니 신사에 모셔진 사람들의 유물과 전쟁에 사용된 무기 등을 전시하고 있다.

"지금은 아닙니다."

말을 끊는 일본 팀 세진의 짤막한 대답에 현희가 기분이 상했는지 첫 마디에 힘을 주며 말했다.

"또, 야스쿠니 신사에는 전쟁 범죄로 처벌받은 사람들이 있잖아요. 그런 곳에 총리가 가는 건 일본이 과거를 반성하지 않는 태도 아닙니까?"

일본 팀 지영이 앞으로 흘러내린 머리를 귀에 걸며 말했다.

"한국에서 말하는 전쟁 범죄자가 이곳에 있게 된 건 1978년입니다. 그 직후부터 여러 총리가 참배를 해 왔는데 뒤늦게 문제를 삼는 건 옳지 않아요."

"그건……."

현희가 머뭇거렸다. 같은 팀 종수가 나섰다.

"한국이 뒤에 항의를 한 건 일본이 이전까지는 개인적인 참배라고 하다가 1985년부터 총리로서 참배한다고 했기 때문입니다. 그건 일본 정부를 대표한다는 거잖아요."

"그럼 개인 자격으로는 참배해도 된다는 건가요?"

"총리 그만두고 가면 되겠네요."

현희가 빈정거리듯이 말했다. 지영의 얼굴이 흐려지는데, 세진이 벌떡 일어났다.

"야, 그게 말이 되냐?"

"어허, 왜들 이러나? 아마추어같이."

선생님의 말에 아이들이 키득거렸다.

"첫 토론부터 좀 날카로운 것 같네. 자, 너무 승부욕 불태우지 말고, 차분히……. 알았지? 현희와 세진이, 둘 다 옐로카드야."

현희가 선생님을 향해 멋쩍게 웃었다.

"네, 아까 한 말 취소하겠습니다. 한국이 처음부터 항의하지 않았다고 해서 일본 총리가 야스쿠니 신사에 가는 게 문제가 없는 게 아닙니다."

세진은 여전히 볼멘 표정이었으나 지영은 평소의 얼굴로 돌아왔다.

"제 말은 한국의 반대가 너무 민족 감정에 치우친 게 아니냐는 겁니다. 총리의 야스쿠니 신사 참배는 일본의 문화로 봐야 합니다."

"문화요?"

"일본은 죽은 사람의 죄를 모두 용서하는 문화입니다. 또 살아 있는 사람이 죽은 사람을 항상 생각해 주는 걸 중요하게 여깁니다. 그러니까 총리의 참배는 그런 문화로 봐야 한다는 겁니다."

종수가 튕겨 나오듯이 몸을 앞으로 하며 말했다.

"그럼 야스쿠니 신사에는 전쟁 때 죽은 민간인들의 위패도 있나요? 또 일본군 때문에 죽은 다른 나라 군인의 위패는요?"

"그렇지는 않습니다. 하지만 야스쿠니 신사에는 나라에 상관없이 많은 전쟁 희생자를 모시고 있고, 전쟁에서 죽은 말이나 개를 위한 시설도 있습니다."

"그건 보여 주기 위한 것 아니에요? 결국 일본이 일으킨 전쟁의 희생자들을 위한 시설은 없잖아요!"

종수가 지영의 대답을 기다리지 않고 곧바로 물었다.

"또 야스쿠니 신사에는 인도 사람 비석도 있죠?"

"예?"

지영이 조금 놀란 표정을 지었다.

"펄 박사라고……. 전쟁 범죄자 재판할 때 유일하게 무죄를 주장했다고, 야스쿠니 신사에 비를 세웠습니다. 이건 야스쿠니 신사가 단순히 죽은 사람들을 위한 종교 시설이 아니라, 일본이 전쟁을 일으킨 게 정당하다고 말하는 곳이란 거잖아요."

대답이 궁해진 듯 지영이 세진과 원우를 쳐다보았다. 셋이 머리를 맞대고 뭔가 얘기를 나눈 후 지영이 다시 입을 열었다.

"음…… 야스쿠니 신사는 민간 시설입니다. 거기다 뭘 만들고 운영하는 건 자기네가 알아서 하는 겁니다."

"그러면 일본 총리는 왜 하필 전쟁 범죄자로 인정된 사람들과 전쟁 범죄자 편을 든 사람을 모아 놓은 곳에 가서 참배를 하는 겁니까?"

야스쿠니 신사에 인도 사람 비석이?

2005년 야스쿠니 신사는 극동 군사 재판에서 재판관 중 유일하게 피고단 전원 무죄라는 의견서를 제출한 라다 비노드 펄(Radha Binod Pal)을 위한 현창비를 세웠다. '현창'이란 밝게 드러낸다는 뜻이다. 또 야스쿠니 신사에는 전 세계 각지에서 전쟁으로 숨진 모든 이의 영혼을 추도하기 위한 진령사가 있고, 군마와 군견을 위한 위령비도 있다.

"앞서 말한 대로 전쟁 희생자들을 모시는 다른 추모 시설이 없으니까요. 그리고 총리의 야스쿠니 신사 참배는 일본 문화를 바탕으로 이해해야 한다니까요."

"일본은 전쟁을 일으켜 수많은 사람을 죽이고 고통스럽게 한 역사가 있습니다. 그것 때문에 처벌받은 전쟁 범죄자들을 향해 일본을 대표하는 총리가 참배를 하는 건 일본 때문에 고통당한 나라들을 무시하는 겁니다."

"야스쿠니 신사에는 246만 명의 위패가 있어요. 이 중 전범자들의 위패는 일부에 불과합니다."

"하지만 야스쿠니 신사에 있는 거의 모든 사람이 일본이 다른 나라를 침략하고 전쟁을 벌이는 일에 동조하다 죽은 사람들이잖아요. 그러니까 일본은 왜 피해자들은 놔두고 가해자들만 모아 놓고 참배를 하는 거냐고요!"

이제까지 잠자코 있던 한국 팀 호준이 나섰다. 자신의 목소리가 너무 컸다 싶었는지 선생님을 보며 머리를 긁적였다. 선생님이 호준을 향해 손가락 총을 쏘자, 호준이 총알에 맞은 시늉을 했다. 그 모습을 본 지영이 숨을 한 번 내쉰 후 말을 했다.

"전쟁 가해자들을 모아 놓은 건 야스쿠니 신사에서 한 겁니다. 나라에서 한 게 아니에요. 어쨌든 그 사람들도 다 일본 국민입니다. 정부가 국민에게 해야 할…… 예의 같은 게 있는 거잖아요."

"국민에 대한 예의를 꼭 야스쿠니 신사에서 표해야 하는 건 아니잖아요."

"전쟁 때 죽은 사람들이 그곳에 모셔져 있기 때문입니다."

"어째 좀 토론이 맴도는 것 같네. 다른 주제로 넘어가 봅시다."

선생님이 고개를 갸웃거리며 말했다.

야스쿠니 신사, 일본 정부와 무관한가?

"그러면 전쟁 범죄자들을 다른 곳으로 옮기면 되지 않아요? 아니면 전쟁 희생자들만 옮기든가."

종수의 말에 일본 팀 원우가 대답했다.

"앞에서도 얘기했지만 야스쿠니 신사는 정부 시설이 아니라 민간 종교 시설입니다. 나라에서 옮기라마라 할 수 없습니다."

"전에는 나라에서 관리했잖아요."

일본 정부가 먼저 야스쿠니 신사에
전범자 위패를 놓자고 했다는 내용의 기사

"전쟁이 끝난 뒤에는 아닙니다."

"단순히 종교 시설이라면 어떻게 200만 명이 넘는 사람들의 위패를 모을 수 있어요? 일본 정부가 그렇게 한 거 아닌가요?"

"야스쿠니 신사에서 자료를 요청했고, 일본 정부에서는 자료를 보내준 것뿐입니다."

"뭐라고요? 그건 거짓말입니다! 일본 정부가 전범자 위패를 야스쿠니 신사에 놓도록 한 것이 밝혀졌습니다."

한국 팀 호준이 흥분해서 다시 큰 소리를 냈다. 그러나 신생님의 눈총을 받자 급히 목소리를 낮추었다. 호준의 손에는 신문을 크게 복사한 종이판이 들려 있었다.

"일본 신문에도 났습니다. 이걸 보십시오. 일본 정부가 먼저 야스쿠니 신사에 전범자 위패를 놓자고 했다는 기사입니다."

"일본 정부가 그런 건…… 어……."

원우가 대답을 머뭇거리더니 지영과 뭔가 상의를 한 후 말을 이었다.

야스쿠니 신사에 안치된 전범

일본 국립 국회 도서관이 2007년 발표한 자료에 따르면 일본 후생성은 1958년 야스쿠니 신사에 'B급 이하 전범을 드러나지 않게 합사자 명부에 넣는 것이 어떤가?'라고 했다. 야스쿠니 신사는 1959년 B급, C급 전범을 합사했다. 또 1966년에는 일본 정부가 A급 전범이 포함된 명부를 야스쿠니 신사에 보냈고, A급 전범 합사는 1978년에 이루어졌다.

"그건 그냥 정부가 의견을 낸 것뿐입니다. 어느 나라든 정부에서 의견은 낼 수 있는 거잖아요."

"일본 정부가 자료만 보내 준 게 아닌 건 사실이잖아요?"

"그래도 전범자들 위패를 놓을지 말지 하는 결정은 야스쿠니 신사에서 한 겁니다."

다시 한국 팀 종수가 나섰다.

"어쨌든 일본 정부가 개입해서 가능했던 일이니, 전범자들 위패를 다른 곳으로 보내는 일도 정부가 나서면 가능한 거 아니에요?"

"그랬다 해도 지금 그 문제를 가지고 일본 정부가 뭐라 할 수는 없습니다. 야스쿠니 신사는 정부의 지시를 받는 곳이 아닙니다."

"그때는 정부가 나서서 해 놓고 지금은 안 된다는 건 말이 안 됩니다."

종수의 말에 일본 팀 원우가 바로 대답을 하지 못했다. 세진이 뭐라 하려는데 지영이 먼저 입을 열었다.

"그때 일본 정부가 개입한 것이 문제라면 지금 개입하는 것도 문제죠. 위패를 옮길 건가 말 건가는 야스쿠니 신사와 유족들이 결정할 문제입니다. 야스쿠니 신사는 종교적인 이유로 안 된다고 하고요."

일본 팀 지영의 말을 들으며, 종수는 일본에서 잡았던 지영의 손이 생각났다. 차가움이 느껴지던 하얀 손가락들이 끈적이며 미꾸라지처럼 꿈틀거리더니 자신의 손에서 빠져나가는 것 같았다.

야스쿠니 신사에 왜 한국인이 있을까?

종수가 가만히 있자 같은 팀 호준이 나섰다.

"그럼 한국 사람들을 일본인들과 같이 모신 이유는 뭡니까? 한국 유족들이 반대하는데도……."

이번에는 일본 팀 세진이 대답했다.

"그 사람들은 일본 군인 신분으로 죽었습니다. 죽을 때 일본인이었으니 죽은 뒤에도 일본인으로 모시는 겁니다."

"어째서 그분들이 일본 사람입니까?"

호준이 말도 안 된다는 표정을 지었다. 호준을 보며 세진이 무표정한 얼굴로 말했다.

> **야스쿠니 신사에 있는 한국인**
>
> 야스쿠니 신사에는 현재 약 2만여 명의 한국인 위패가 있는 것으로 알려져 있다. 이들 대부분은 전쟁이 끝난 후에 이곳에 모셔졌다. 유족들이 2001년과 2007년 도쿄 지방 법원에 '식민지 시대에 강제 연행되어 희생당한 피해자들이 침략 전쟁의 신으로 능욕을 당하고 있다.'며 위패를 빼 줄 것을 요구하는 재판을 했으나, 모두 패했다.

"당시 조선은 일본에 합병돼 있었고, 그분들은 일본 국민으로서 일본 군대의 군인이 됐으니까요."

"일본이 조선을 점령한 건 강제로 한 거고, 군대에도 억지로 끌고 간 건데 그 사람들이 어떻게 일본 사람입니까?"

"자기가 원해서 군인이 된 사람도 있습니다. 그리고 그때는 다 일본의 국민이었으니까 군대 가는 것이 당연하죠. 지금 한국 사람도 다 자기가 원해서 군인이 되는 게 아니잖아요."

"그거랑 다르죠. 일본 국민이 되고 싶어 된 게 아니잖아요? 일본이 침략해서 그런 거지······."

"그건 지금 따질 문제가 아닌 것 같은데요. 어쨌든 그때는 다 일본이 다스리던 한 나라였고, 그러니 같은 일본인으로서 함께 모셔진 거죠."

"하지만 일본 설명대로 야스쿠니 신사가 종교 시설이라면 본인의 종교가

다를 수 있는데 일본 맘대로 거기다 모시는 건 옳지 않습니다."

"그럴 수도 있지만, 죽은 사람의 종교를 다 확인할 수 없는 거니까……."

세진이 말끝을 흐렸다. 한국 팀 현희가 나섰다. 얼굴이 화난 사람처럼 변해 있었다.

"죽은 사람에게 못 물어봐도 가족들이 있잖아요? 그럼 유족들에게 물어보고 해야 하는 거죠, 안 그래요?"

"……."

"지금 한국 유족들이 야스쿠니 신사에 가족이 있는 걸 반대하니까 한국 사람들의 위패는 일본 정부가 빼 줘야 하는 거 아니에요?"

일본 팀 세진이 현희를 보던 시선을 책상 위 종이로 옮기며 말했다.

"그건 야스쿠니 신사에서 처리해야 할 문제입니다."

"가족에게 확인도 안 하고 그분들 자료를 넘겨준 잘못이 있잖아요."

"그렇다 해도……."

호준이 답답하다는 듯 주먹으로 가슴을 쳤다. 책상 위의 자료들을 들추던 종수가 나섰다.

"아까 조선 사람들이 일본 군인으로 죽었기 때문에 일본 사람이라고 했는데, 그분들이 돌아가셨을 때 일본 정부는 유가족에게 사망 소식을 알렸나요?"

"그거야……. 했겠죠."

세진이 자신 없이 말했다.

"하지 않았습니다. 또 그분들에게 일본 군인들처럼 보상을 해 줬나요?"

"그건……."

"안 했습니다. 일본 국민으로 대우해 준 게 없는데……."

일본 팀 지영이 종수의 말을 자르고 들어왔다.

"보상 문제는 지난 1965년 한일 협정에서 다 해결이 된 걸로 아는데요."

종수의 시선이 지영에게로 향했다.

"그분들이 일본 국민이라면 한일 협정에서 보상할 대상이 아닌데, 어떻게 보상으로 해결됐다고 말할 수 있죠? 결국 일본 국민이기 때문에 야스쿠니 신사에 모셨다는 건 일본의 변명일 뿐입니다."

지영은 반박하지 않았다. 일본 팀의 다른 아이들도 가만히 있었다. 한국 팀 호준의 얼굴이 어두웠다. 현희도 고개를 숙인 채 말이 없었다.

침략자와 애국자의 차이

"오늘 토론은 분위기가 좀 이상하네……. 뜨겁게 논쟁이 붙으면서도 뭔가 한곳을 맴도는 것 같은 느낌이었어요. 아무래도 오늘 주제 때문인가? 그렇지만 모두 수고했어요. 마지막 정리 발언을 듣도록 합시다."

선생님의 말에 따라 일본 팀에서 지영이 정리 발언에 나섰다.

"야스쿠니 신사는 예전부터 죽으면 가고 싶어 할 만큼 일본 사람들에게 의미가 있고, 지금도 중요한 곳입니다. 나라를 위해 희생한 사람들에게 나

라의 대표가 참배를 하는 건 당연한 일입니다. 다른 나라에서도 그렇게 하는 거니까, 뭐라고 해서는 안 됩니다. 야스쿠니 신사에 가는 건 다른 추모 시설이 없기 때문입니다. 또 어떤 사람들의 위패를 옮기는 일은 야스쿠니 신사에서 스스로 결정할 문제입니다. 민간 시설의 일을 나라가 결정할 수 없으니까요."

오늘 토론은 특별히 못한 것 같지 않은데도 종수는 마음이 영 언짢았다. 일본 팀의 주장에 준비한 대로 잘 대응했다 싶으면서도 뭔가 헛손질을 한 느낌이 들었다. 일본 팀은 자기들 주장이 밀리면 야스쿠니 신사에서 결정할 일이라고 했다. 민간 시설 일을 정부가 어쩔 수 없는 거라고.

한국 팀은 거기서 매번 막혔다. 지영네의 토론 전술에 말려든 게 아닌가 싶어 뒤늦은 아쉬움이 들었다. 그러나 야스쿠니 신사 문제에 대응하는 일본의 태도가 결국 그런 게 아닌가 싶었다.

일본은 왜 그럴까. 종수는 한국이 그리고 중국까지 반대하는데 굳이 야스쿠니 신사에 가서 참배를 하는 게 이해가 안 됐다. 나라를 위해 희생한 사람들을 위해 나라의 대표가 참배하는 건 당연한 일로 그걸 뭐라 할 수는 없을 것 같았다. 일본이란 나라를 부정하면 모를까, 그건 인정해 주어야 한다 싶었다. 하지만 야스쿠니 신사에 참배하는 건 보통의 나라들이 하는 것과는 의미가 달라 보였다. 거기에는 전쟁 범죄자들이 있었다.

전쟁 범죄자가 없으면 야스쿠니 신사 참배는 괜찮은 걸까? 전쟁 범죄자로 처벌받지 않았더라도 실제로 총을 쏘고 칼을 휘두른 군인들은 책임이 없는 걸까? 나라에서 시킨 대로 했을 뿐이니까……. 하지만 다른 나라 사람들에게 고통을 주지 않았는가. 그러면 일반 군인들한테도 참배하면 안 되는 거 아닌가? 그래도 일반 군인들은 자기 나라를 위해서 싸우다 죽은 건데…….

종수는 다른 나라 사람들에게 나쁜 짓을 한 사람들이 자기 나라에서는 애국자가 된다는 게 잘 이해가 안 됐다. 서로 다른 나라로 갈려 싸우면 그렇게 될 수밖에 없는 건가?

침략자와 애국자, 전혀 다른 말이 나란히 있을 수 있는 게 종수는 낯설고 이상했다. 나도 우리나라를 위해 애국하면 다른 나라에 피해를 줄 수도 있게 되는 걸까. 머리가 어지러웠다. 고개를 흔드는데 현희가 일어났다.

"일본은 야스쿠니 신사에 대한 총리의 참배를 일본의 문화로 이해해야 하고, 국민에 대한 예의라고 주장합니다. 그런데 국민에 대한 예의를 왜 하필 일본이 일으킨 침략 전쟁이 옳은 것이었다고 선전하는 곳에서, 전쟁 범죄자로 처벌받은 사람들의 위패를 모아 놓은 곳에서 표해야 합니까? 일본 때문에 고통을 당한 다른 나라 국민들에게는 왜 예의를 보이지 않습니까? '위안부' 피해자 할머니들에게 배상도 하지 않으면서요. 일본은 계속 야스쿠니 신사 핑계만 대고 아무 책임을 안 지려고 합니다. 비겁합니다. 다른 추모 시설이 없으면 지으면 되죠."

한국 팀 현희가 약간 상기된 표정으로 정리 발언을 마쳤다. 조용히 듣고 있던 아이들이 "와와!" 하며 박수를 쳤다. 종수도 엉겁결에 박수를 쳤다. 현희가 수줍게 웃었다.

함께 정리해 보기
야스쿠니 신사 참배에 대한 한국과 일본의 쟁점

일본의 주장	논쟁이 되는 문제	한국의 주장
전쟁 희생자들을 추도하는 민간 종교 시설일 뿐이다.	야스쿠니 신사의 성격	일본 침략 전쟁을 정당화하는 전쟁 기념 시설이다.
자료 협조만 했을 뿐 일본 정부는 책임이 없다.	일본 정부의 개입	전쟁 범죄자 명단을 보내는 등의 일을 했으니 일본 정부에 책임이 있다.
나라에 희생한 사람들을 위해 나라의 대표가 참배하는 것은 당연하다.	일본 총리 참배	전쟁 범죄자가 있는 곳을 참배하는 건 침략을 반성하지 않는 태도이다.
일본 국민으로 죽은 사람이기 때문에 야스쿠니 신사에서 모시는 게 당연하다.	한국인 위패 이전	강제로 끌려가서 죽은 것이며, 유족이 반대하니 야스쿠니 신사에서 모시지 말아야 한다.

6장
독도는 어느 나라의 땅인가?

독도 논쟁에서는 한국과 일본이 독도를 자신의 땅이라고 주장하는 근거가 무엇인지를 이해하는 것이 중요해. 한국과 일본은 누가 더 일찍 독도에 대해 알았는지를 놓고 서로 주장이 달라. 그리고 일본은 1905년에 독도를 영토에 포함시켰는데, 독도를 자신들의 땅이라고 하는 주장의 핵심은 샌프란시스코 조약이야. 샌프란시스코 조약이 어떻게 나왔는지, 이 조약에 대해 한국은 어떤 입장인지를 주의 깊게 보자. 또 국제 사법 재판을 통해 독도 문제를 해결하자는 일본과 이를 거부하는 한국의 주장이 맞서고 있으니 그 내용도 잘 살펴보도록 해.

일본 팀

독도가 오래전부터 한국의 땅이었다지만, 한국이 말하는 역사 기록에 독도는 없어. 하지만 일본은 17세기에 울릉도 주변에서 어업을 하면서 독도를 이용했고 정부에서 이를 허가해 주었어. 한국은 일본이 독도를 조선의 땅으로 인정했다고 하지만, 그것은 울릉도지 독도가 아니야. 또 한국과 일본의 영토를 국제적으로 인정하는 샌프란시스코 조약에서 독도는 한국 땅에서 제외되어 있어. 세계가 독도를 일본 땅으로 인정한 거야. 독도 문제를 평화적으로 풀기 위해 일본은 국제 재판을 하자는데, 한국은 거부하고 있어. 이는 자신이 없기 때문 아니야?

한국 팀

독도와 한국의 역사는 신라 때부터 이어져 왔고, 한 번도 한국의 땅이 아닌 적이 없어. 조선 때 만들어진 많은 책에서도 독도는 우리 땅으로 기록되어 있어. 1905년에 독도를 주인 없는 땅이라며 일본이 자기네 땅에 포함시킨 것은 불법이야. 일본은 이미 독도가 조선의 땅임을 잘 알고 있었고, 이 사실은 안용복의 활약을 담은 기록에도 나와. 또 해방 후 한국과 일본을 통치하고 있던 연합국 최고 사령부의 문서에서도 독도가 한국 땅이라는 걸 확인할 수 있어. 한국은 일본에 나라를 빼앗기면서 독도를 빼앗겼지만, 나라를 되찾았으니 독도가 다시 한국 땅이 되는 게 당연해. 그러니 재판을 할 이유가 없어.

독도는 어느 나라의 땅인가?

한국이니까 무조건 옳은 건 아니다

"이제 남은 토론 주제는 두 가지예요. 독도와 동해, 뭔지 알겠죠?"

선생님은 굳이 대답을 바란 것은 아니었는데, 아이들은 제각기 목청을 돋우며 대답했다. 한바탕 교실이 시끌벅적했다.

"그래요. 독도는 한국과 일본, 어느 나라의 땅이냐고, 바다 이름이 동해와 일본해 중 어느 게 맞느냐는 거죠. 이제까지 한 토론도 그랬지만, 남은 두 주제는 여러분이 특별히 더 관심이 많겠네요. 여러분 마음속에 이미 답이 있는 문제이기도 하죠. 그러나 이번에도 마음 비워 놓고 토론을 해 봅시다. 머리는 비우지 말고……."

짐짓 근엄한 표정을 지으며 선생님이 아이들을 둘러보았다. 킥킥 웃는 아이도 있었지만, 대부분은 선생님이 무엇을 말하는지 알겠다는 표정이었다.

"팀을 나눠야지? 이번에는 동전을 던져 볼까? 아, 이번에 팀이 정해지면 다음 주제에서는 그 반대로 합시다."

"반대로요?"

"음, 이번에 한국 팀을 하게 되는 팀은 다음 동해 토론 때에는 일본 팀을 하게 되는 거지."

"제비뽑기로 팀 정하는 것도 재미있는데……."

"그래, 우리가 제비뽑기나 가위바위보로 팀을 정한 건 그야말로 우연에 따르기 위한 거예요. 그렇지만 다들 한국 팀을 하고 싶어 하지?"

"종수는 아니래요."

갑작스런 호준의 말에 종수가 당황한 표정을 지었다. 아이들이 의아해하는 표정으로 종수를 쳐다보았다. 현희가 호준을 향해 눈살을 찌푸렸고 호준은 모르는 척했다.

"종수, 정말이야?"

선생님이 놀란 눈빛으로 물었다.

"아, 아니에요. 호준이가 괜히……."

"선생님, 종수 말은 꼭 한국 팀을 해야 토론을 잘할 수 있는 게 아니라는 거예요. 한국 팀 하는 게 좋고 편하지만, 아니어도 괜찮다는 거죠."

얼굴만 붉히고 있는 종수 대신에 현희가 말했다.

"그건 좋은 태도야. 종수가 역사 토론을 하면서 생각이 많아진 것 같네.

"여러분이 역사 토론을 보면서도 생각이 달라지지 않을 수는 있어요. 여전히 고구려는 한국 역사이고, 일제 강점기는 우리 민족이 모든 걸 빼앗긴 역사라고 생각할 수 있지요. 하지만 생각이 바뀌지 않더라도 논쟁에서 부딪치고 있는 주장과 근거들을 객관적으로 따져 본 뒤에 결론을 내려야 해요. 우리가 한국 사람이니까 무조건 한국의 주장이 옳다고 판단하는 게 아니라……."

"다른 나라의 주장이라고 해서 무조건 틀린 건 아니라는 거죠?"

말을 마친 지영의 시선이 종수를 찾았다. 종수는 책상만 바라보고 있었다.

"맞아요. 우리가 한국 사람이나 일본 사람으로 선택해서 태어난 게 아니잖아요? 그래서 우연의 방법으로 팀을 정한 거예요. 자신이 속한 나라를 위해 노력하는 것도 중요하지만, 나라 간 주장의 옳고 그름을 자신이 어느 나라 사람인지에 따라 판단해서는 안 된다는 걸 꼭 기억해 주기를 바라요."

"그럼 다음에 할 토론은 왜 팀을 미리 정해요?"

"뭐, 아무래도 한국 팀 하려는 마음은 다 똑같을 테니 공평하게 번갈아 해 보자는 거예요. 두 주제밖에 안 남았으니까, 그것도 아주 뜨거운 것으로."

선생님이 동전을 던져 손등에 올리고 손바닥으로 가렸다. 호준이 먼저 "앞면!"을 외쳤다. 뒷면이었다. 머리를 긁적이는 호준을 향해 현희가 인상을 썼다. 지영네 팀이 잠깐 저희들끼리 상의를 한 후 원우가 말했다.

"선생님, 저희는 한국 팀으로 할래요."

"그럼, 다음 토론 때는 우리가 한국 팀인 거죠?"

"그래."

선생님의 확인을 받은 호준이 현희를 쳐다보았지만, 현희는 고개를 돌렸다.

준비 모임을 했으나 종수는 굳은 표정을 풀지 않았고 호준도 쭈뼛거릴 뿐 별말이 없었다. 현희 혼자 애를 쓰다, 기초 조사를 해서 다시 모임을 갖기로 하고 헤어졌다.

한국 역사 기록에 독도는 없다?

토론이 시작되고 자리에 앉았다. 종수는 독도 문제를 일본 입장이 되어 토론한다는 게 영 내키지 않았다. 그러나 토론을 포기할 생각은 없었다. 끝까지 해 보기로 했다. 호준이 입을 앙다물고 종수와 현희를 향해 주먹을 쥐어 보였다. 현희와 종수가 호준을 따라 주먹을 쥐어 올렸다.

"독도가 오래전부터 한국 땅이었다는 건 사실이 아닙니다. 한국이 말하는 역사 기록에 독도는 없습니다. 일본은 17세기에 울릉도 주변에서 어업을 하면서 독도를 이용했고 정부에서 이를 허가해 주었습니다. 한국은 일본이 독도를 조선의 땅으로 인정했다고 하지만, 그것은 울릉도지 독도가 아닙니다. 한국과 일본의 영토를 국제적으로 인정한 문서인 샌프란시스코 조약을 보면 독도는 한국 땅에서 제외되어 있습니다. 세계가 독도를 일본 땅으로 인정한 것입니다. 독도 문제를 평화적으로 풀기 위해 일본은 국제 사법 재판소에서 재판을 하자고 하는데, 한국은 재판을 거부합니다. 이것은 옳지 않습니다."

일본 팀에서 입장 발표를 하는 동안 이곳저곳에서 아이들의 "우우!" 하는 소리가 나오고, "물러가라!" 하는 소리도 들렸다. 그때마다 선생님이 나서서 제지했지만 야유가 나오는 것 자체를 막지는 못했다.

"이건 여러분도 잘 아는 것처럼 가상 역사 토론이에요. 자꾸 이러면 토론을 할 수가 없어요. 아무리 마음에 안 드는 상대의 주장일지라도 진지하게 들어야죠."

선생님의 엄한 얼굴에 아이들이 조용했다.

"자, 다음은 한국 팀이 발표하도록 해요."

"독도와 한국의 역사는 신라 때부터 이어져 왔으며, 그 이후 독도는 한 번도 한국의 땅이 아닌 적이 없습니다. 조선 때 만들어진 많은 책에서도 독도는 우리의 땅으로 기록되어 있습니다. 일본은 조선을 침략하면서 독도를 주인 없는 땅이라며 자기네 땅으로 만들었지만, 이것은 불법입니다. 일본은 이미 독도가 조선의 땅임을 잘 알고 있었고, 이는 안용복의 활약을 담은 기록에도 남아 있습니다. 또 해방 후 한국과 일본을 통치하고 있던 연합국 최고 사령부의 문서에서도 독도가 한국 땅이라는 걸 확인할 수 있습니다. 한국은 나라를 빼앗기면서 독도를 빼앗겼고, 나라를 되찾았으니까 독도가 다시 한국 땅이 되는 게 당연하니까요. 그러므로 독도는 분명한 한국 땅입니다."

한국 팀 원우의 발표가 끝나자 아이들이 힘 있게 박수를 쳤다. 일본 팀 현희가 낮게 한숨을 쉬었다. 종수는 뭔가 격려를 해 줘야 할 것 같았지만, 딱히 떠오르는 말이 없어 헛기침만 하고 말았다.

"독도 문제는 한국과 일본 사이의 뜨거운 논쟁거리예요. 나라의 땅을 두고 벌어지는 논쟁이기 때문에 어느 나라도 물러설 수 없는 문제이지요. 그럼 오늘 토론도 진지하게 지켜봅시다. 두 팀 준비됐나요? 본격적으로 토론을 시작해 볼까요?"

말을 끝낸 선생님이 두 팀을 둘러보았다. 일본 팀 현희가 조용한 목소리로 말했다.

"한국은 일본보다 일찍, 그러니까 삼국 시대부터 독도에 대해서 알고 있었다고 했지만 그건 근거가 없는 주장입니다."

"512년 신라가 지증왕 때 울릉도에 있던 우산국을 정벌했다는 기록이 《삼국사기》에 나옵니다. 그런데 왜 근거가 없습니까?"

"그건 울릉도 얘기지 독도가 아닙니다."

우산국

우산국은 삼국 시대에 울릉도에 있던 나라로, 512년 신라에 의해 멸망했다. 우산국에 속했던 섬인 '우산도'를 두고 한국은 독도의 옛 이름이라고 주장하고, 일본은 울릉도의 다른 이름이라고 주장한다.

한국 팀 원우의 반박에 현희가 곧바로 못을 박듯이 말했다.

"독도는 울릉도에서 눈으로 보일 정도로 가깝습니다. 그런데 한국이 독도를 몰랐다는 게 말이 됩니까?"

"어쨌든 독도에 대한 기록은 없잖아요."

"독도는 울릉도에 딸린 섬이에요. 기록이 없다고 해서 독도에 대해 몰랐다고 할 수 없습니다."

"그렇다면 역사적인 근거가 있다고 말하면 안 됩니다."

현희가 처음부터 매섭게 몰아붙였다. 그런 현희의 기세에 차분하던 원우도 서서히 열이 오르는 것 같았다.

"《조선왕조실록》조선 시대 태종왕 때부터 철종 때까지 472년 동안의 역사적 사실을 연대순으로 기록한 것에도 기록이 있는데 아니라고요?"

"'우산도'라고 나오는 것 말이죠?"

현희가 이미 알고 있다는 표정으로 말했다.

"세종 때의 기록에 나오는 우산도와 요도는 모두 독도를 가리킵니다."

"그것도 독도인지는 알 수 없어요."

"독도라는 이름이 사용된 건 조선 말기입니다. 이름이 바뀌었다고 해서 독도가 아니라고 하면 안 됩니다."

"이름이 바뀔 수 있다는 걸 몰라서가 아니에요. 우산도나 요도가 독도를 뜻한다는 근거가 있어야죠."

"《동국문헌비고》라고 조선 때 나온 백과사전이 있어요. 여기에는 '울릉도와 우산도는 모두 우산국 땅이며, 우산도는 일본인들이 말하는 송도'라는 내용이 나옵니다. '송도'는 예전에 일본이 독도를 부르던 말이 맞죠, 네?"

한국 팀의 원우가 현희를 향해 다짐을 받듯 물었다.

"그렇기는 하지만 일본에서도 '송도'와 '죽도'가 서로 바뀌어 쓰인 적이 있어서 《동국문헌비고》에 나오는 우산도가 독도인지는 분명하지 않습니다."

"송도와 죽도를 바꿔 불렀어도, 독도를 가리키는 뜻이 앞서 말한 책 내용 안에 있잖아요. 우산도는 울릉도가 아닌 게 확실하고, 일본에서 송도라 불리던 섬이라 했으니 우산도가 독도란 점은 분명해요."

"그 책에서 송도로 바뀌어 기록된 죽도가 울릉도 옆에 있는 섬을 가리키는 것일 수 있죠."

"그게 독도예요."

원우가 답답하다는 듯 말했다. 그러나 현희의 표정은 태연했다.

"아니죠. 울릉도 근처에 '죽도'라고 섬이 하나 있잖아요?"

"죽도요? 그건 일본에서 오늘날 독도를 부르는……."

"울릉도 근처에는 독도 말고도 여러 섬이 있는데, 그중에 죽도라고 가장 큰 섬이 있어요. 우산도는 실제로 죽도라고 불리는 섬을 가리키는 말일 수 있어요."

"……."

원우가 혼란스러워하는 듯했으나, 곧 반격에 나섰다.

"일본 팀의 얘기는 모두 추측일 뿐입니다. 그건……."

"우산도가 독도라는 게 한국의 추측이죠. 이걸 봐요."

일본 팀 현희의 말과 함께 호준이 옛 지도가 있는 종이판을 꺼내 들었다.

"한국에서 만든 지도예요. 이걸 보면 울릉도 바로 옆에 우산도라는 섬이 있어요. 우산도가 독도라면 이렇게 울릉도 가까이에 그릴 수 있겠어요?"

"옛날에 지도 만드는 기술이 부족해서 그런 거지, 그렇다고 우산도가 독도가 아니라고 할 수는 없습니다."

"이 지도가 만들어진 때가 1899년인데, 그렇게 옛날도 아니죠. 여기 지도에 경도랑 위도를 나타낸 선도 있잖아요."

현희가 턱을 치켜들며 말했다. 원우의 표정이 화난 사람처럼 변해 갔다.

"그리고 앞에 말한 책《동국문헌비고》는 18세기에 나온 거잖아요. 일본은 그보다 일찍 독도를 알고 있었습니다."

"오야라는 사람이 정부에서 허가를 받아 울릉도에 갔다는 거 말이죠?"

한국 팀의 세진이 고개를 삐딱하게 들며 말했다. 현희의 눈이 가늘어졌다.

"예, 오야 진키치는 울릉도에 갈 때 독도를 거쳐 갔습니다. 그러면서 정부에서 '도해 면허'를 받아 간 기록이 있는데, 이때가 1618년입니다."

"도해 면허는 자기 나라를 벗어나 먼 바다로 나갈 때 정부에서 주는 허가

> **옛 일본인의 독도 이용**
>
> 일본 돗토리의 '오야 진키치', '무라카와 이치베' 가문은 정부의 허가를 받아 울릉도 근처에서 전복과 강치 등을 잡았다. 이들의 어업 활동은 안용복 사건 때까지 계속되었는데, 울릉도로 가는 길에 독도를 정박장으로 이용했다고 한다.

장입니다. 독도가 일본 땅이었다면 도해 면허를 받을 필요가 없었지요."

"당시 일본이 독도를 조선 땅이라고 생각했다면 쇄국령을 내려 일본 사람이 해외로 나가는 걸 금지할 때 독도에 가지 못하게 해야 하는데, 그렇게 하지 않았습니다. 일본 땅이기 때문에 그런 겁니다."

"아니죠. 1696년에 일본 정부가 일본 사람들한테 울릉도와 독도에 가지 말라고 명령을 내렸잖아요."

"울릉도에 못 가게 한 거지, 독도는 아닙니다."

"울릉도에 못 가게 한 건 조선 땅이기 때문이고, 독도는 울릉도에 딸린 섬인데 어떻게 독도만 뺍니까?

"독도를 조선 땅으로 인정한 건 아니니까요."

"잠깐만요. 친구들의 이해를 돕기 위해 잠시 설명이 필요하겠네요."

선생님이 "음!" 하고 목을 가다듬은 후 말했다.

"도해 면허에 대해서는 일본이나 한국과 다른 주장도 있어요. 도해 면허는 봉건 시대에 일본 정부가 자기 나라의 노동력을 지키기 위해 국민들을 통제하는 수단으로 쓴 것이기 때문에, 도해 면허를 기준으로 나라 땅의 범위를 정할 수는 없다는 거예요. 그리고 한국 팀에서 말한 일본의 쇄국령은 서양인과 하는 무역을 금지한 쇄국 정책을 말해요. 약 200년간 지속되었지, 아마."

안용복의 진술은 사실이 아닌가?

"안용복이 일본 정부로부터 울릉도와 독도가 조선 땅이라는 걸 확인받은 기록이 있어요."

"일본에는 안용복이 왔었다는 기록은 있지만, 한국이 말하는 확인서를 주었다는 기록은 없습니다."

"조선 정부에서 안용복을 조사한 기록이 있는데, 그건 왜 인정 안 해요?"

일본 팀 세진의 표정이 진지하면서도 심각했다.

"안용복은 나라의 명령을 어겨서 조선 정부에 잡혀갔잖아요. 그때 자신에게 유리하게 말했을 수 있는 거죠."

"그건 억지입니다."

"나라 땅을 지키려다 명령을 어기게 되었다며, 거짓으로 공을 내세우려 한 것일 수도 있죠."

안용복 사건

일본 어민과 안용복 등 조선 어민 사이에 충돌이 일어나자 일본 정부는 울릉도 영유권을 놓고 조선 정부와 교섭을 벌였다. 조선 정부의 반대에 부딪히자 일본 정부는 1696년 1월 '울릉도에는 우리나라 사람이 살고 있는 것도 아니고, 섬까지의 거리로 봐도 조선령으로 판단된다. 쓸모없는 작은 섬을 놓고 이웃 나라와 우애를 잃는 것은 이롭지 않다.'며 일본 어민이 울릉도에 가는 걸 금지했다. 조선 정부의 조사에서 안용복은 울릉도와 독도가 조선 땅이라는 일본 정부의 확인이 담긴 서류를 받았으나, 조선으로 돌아오던 중 대마도주에게 서류를 빼앗겼다고 말했다. 안용복은 나라의 허락 없이 국제 문제를 일으켰다는 이유로 사형을 받을 뻔했다.

"자꾸 그렇게 추측으로 말하면서 억지 부릴 겁니까?"
한국 팀 세진의 목소리가 약간 올라갔다.
"그게 아니라 다른 기록이 없잖아요."
"일본에 기록이 없다고 조선의 기록을 인정하지 않는 건 옳지 않습니다. 그리고 안용복과 독도에 대한 기록이 아예 없는 게 아니죠. 이걸 봐요."
세진이 종이판을 꺼내 들며 말했다. 일본 팀 현희가 종이판을 물끄러미 바라보았다.
"……."
"일본이 1696년에 안용복을 조사한 보고서가 2005년에 발견됐어요. 여기에 강원도 밑에 죽도와 송도가 있다고 표시돼 있어요."

"아, 1696년……. 그건 안용복이 그렇게 말했다는 거지, 일본이 확인해 준 게 아니죠."

일본 팀 현희가 별거 아니라는 표정으로 말했고 세진은 눈만 껌벅거렸다. 현희는 뭔가 단단히 결심을 한 사람 같았다. 호준은 만족하는 얼굴이었지만, 종수는 그런 현희가 왠지 불안했다.

"1877년 일본 정부가 독도가 일본 땅이 아니라고 한 기록이 있는 건 어떻게 설명할 거예요? 그때 울릉도 외 다른 한 섬은 일본과 관계없다고 분명하게 밝혔잖아요."

세진이 따지듯 물었다.

"태정관 문서를 말하는 거죠? 그때 일본 정부는 울릉도가 일본과 무관하다고 한 거지, 독도가 그렇다고 한 게 아닙니다."

"또 그 얘기……. 그 '다른 한 섬'이란 게 독도가 아니고 울릉도 바로 옆에 있는 죽도다, 이거죠?"

한국 팀 세진이 기가 차다는 표정으로 말했다. 세진의 태도에 기분이 상한 듯 현희가 차갑게 대답했다.

"잘 아네요."

"그때 일본은 울릉도를 죽도라 불렀는데, 그 옆에 있는 섬이 죽도란 게 말이 돼요?"

"그때는 다른 이름이었겠죠."

"지도를 보니까, 지금의 죽도는 울릉도 바로 옆의 아주 작은 섬이에요. 울릉도와 따로 떼어 놓을 수 없는 섬인데, 이 섬을 가지고 어느 나라 땅이냐고 싸우는 게 말이 돼요?"

"울릉도에서 87킬로미터나 멀리 떨어져 있는 독도를 '울릉도 외 다른 한 섬'이라고 하지는 않겠죠."

"그러면 울릉도 바로 옆에 또 관음도라고 있는데, 죽도 위에요. 그것도 포함해야지 왜 한 개의 섬만 말해요?"

"그건 문제가 안 됐던 거겠죠."

세진의 얼굴이 열이 오르는 듯 붉어지는데 현희의 표정은 여유로웠다. 그때 한국 팀 지영이 긴 종이판을 하나 꺼내 들며 말했다.

"태정관 문서가 나오기 전에 1870년에 일본 외무성에서 죽도와 송도에 대해 조사 보고서를 만들었습니다. 이게 그 내용인데, 한문이라 그렇지만……. 여기 제목을 보면 죽도와 송도가 조선 땅으로 된 과정이란 뜻이거든요?"

일본 팀 현희가 선생님을 쳐다보았다. 지영이 든 종이판을 유심히 보던 선생님이 고개를 끄떡였다.

"외무성 보고서의 죽도는 현재의 죽도가 아닌 울릉도를 말하는 거니, 송

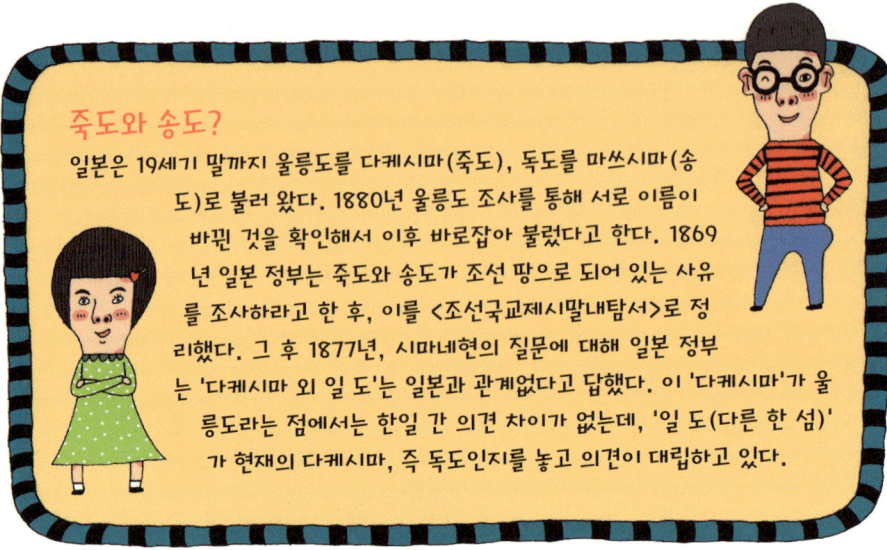

죽도와 송도?

일본은 19세기 말까지 울릉도를 다케시마(죽도), 독도를 마쓰시마(송도)로 불러 왔다. 1880년 울릉도 조사를 통해 서로 이름이 바뀐 것을 확인해서 이후 바로잡아 불렀다고 한다. 1869년 일본 정부는 죽도와 송도가 조선 땅으로 되어 있는 사유를 조사하라고 한 후, 이를 〈조선국교제시말내탐서〉로 정리했다. 그 후 1877년, 시마네현의 질문에 대해 일본 정부는 '다케시마 외 일 도'는 일본과 관계없다고 답했다. 이 '다케시마'가 울릉도라는 점에서는 한일 간 의견 차이가 없는데, '일 도(다른 한 섬)'가 현재의 다케시마, 즉 독도인지를 놓고 의견이 대립하고 있다.

도는 어디겠어요? 당연히 독도겠죠?"

"……."

"이건 일본이 울릉도와 독도를 조선 땅으로 알고 있었다는 겁니다."

현희의 얼굴이 붉게 달아오르는 듯하다가 이내 새침한 표정으로 바뀌었다.

주인 없는 땅, 먼저 차지하는 게 임자!

"과정이 그렇게 된 걸 조사한 거지 조선 땅이라고 인정한 건 아닙니다."

어떻게 해야 하나 고민하던 종수가 조심스럽게 말을 꺼내려는데, 호준이 서둘러 말했다.

"그게 그거죠."

"아니니까 이후에 일본이 독도가 일본 영토라고 선언했죠. 이게 중요한 겁니다, 누구나가 다 알 수 있도록 분명하게 '우리 땅', 즉 일본 땅이라고 정식으로 선언한 게."

평소 호준의 말투와 똑같았지만, 팔을 흔드는 과장된 몸짓 때문에 어색하게 들렸다.

"1905년에 독도를 일본 시마네현에 넣은 것 말인가요?"

한국 팀 지영이 되물었다.

"그렇습니다."

"그건 남의 땅을 불법으로 자기 땅이라고 한 거죠."

"국제법상으로 주인이 명확하지 않은 상태에 있던 곳을 주인이 누군인지 밝힌 건데, 그게 왜 불법이에요?"

"주인이 명확하지 않았다니요? 그럼 17세기부터 일본 땅이라 한 건 뭔가요?"

지영이 어이없다는 표정으로 일본 팀 호준을 바라보며 말했다.

"독도에 대한 국가 간 합의가 없어서 주인 없는 땅 같은 상태가 돼 있었다는 거예요. 독도는 사람이 살지 않는 곳이어서 영토로서 인식도 낮았고요. 조선도 울릉도에 사람이 살지 못하게 했잖아요."

"울릉도는 신라 시대 이전부터 사람이 살던 곳이고, 조선 시대 들어서 한때 사람을 못 살게 하는 정책을 펴긴 했지만 1883년부터 주민들을 들어가

독도를 시마네현으로 편입하다?

1905년 독도를 시마네현에 편입할 때 일본은 관보에도 올리지 않고 중앙 신문에 보도하는 것도 제한했다. 이후 일본은 대규모 조사단을 독도에 보냈는데, 풍랑을 만나 울릉도로 피난을 가게 됐다. 여기서 일본이 독도를 점령한 사실이 알려졌고, 울릉군수는 이를 정부에 보고했다. 1906년 3월 이러한 사실이 〈황성신문〉에 보도되면서 조선은 일본에 항의했으며, 일본을 비판하는 여론이 일어났다. '독도'라는 이름은 당시 울릉군수의 보고에서 처음 쓰였다고 한다.

살게 했어요."

"하지만 독도는 울릉도처럼 관리하지 않았잖아요."

"독도는 원래부터 사람이 살기 힘든 곳이에요. 그래도 고기잡이 나갈 때는 독도에서 지내기도 했어요. 독도는 울릉도에서 바로 보이는 섬인데, 울릉도에 살면 독도를 왔다갔다 하는 건 당연한 거 아니에요?"

"울릉도는 조선과 일본이 협상해서 영유권을 분명히 했지만, 독도는 누구의 땅인지가 명확하게 규정한 조약이 없었습니다. 따라서 영유권을 확실하게 선언하는 나라에 권리가 있는 겁니다."

일본 팀 호준이 마음을 다잡듯 구부정하던 허리를 폈다.

"그 말이 맞다고 해도 조선 정부와 협의도 없이 멋대로 선언하는 게 뭐가 합법적입니까?"

"조선에서는 아무런 항의를 하지 않았으니 합법이죠."

"조선에 알리지도 않았어요! 다른 나라에도 안 알리고, 일본 안에서 본인들끼리 선언한 거잖아요. 그리고 그때는 일본이 조선의 외교권을 빼앗아 간 상황이었어요."

한국 팀 지영의 목소리가 조금 떨리는 듯했다. 독도는 늘 담담한 지영도 흥분시키는 문제인가 보다고 종수는 생각했다. 나도 저랬을까? 더하면 더했지 덜하지는 않았을 것 같았다.

"시마네현 고시는 을사조약을 체결하기 전에 한 거예요. 어쨌든 국제법에 맞게 먼저 영유권을 선언한 게 중요해요."

한동안 고심하는 듯하던 호준이 다시 입을 열었다.

"주인 없는 땅이라고 하는 게 문제죠. 또 독도에 대해서 한국이 일본보다 앞서 선언한 게 있습니다."

"……."

"1900년에 대한 제국 1897년 고종 34년에 새로 정한 조선의 국호 칙령 41호로, 그러니까 이건 고종 황제의 명령인데, 울릉도와 죽도, 독도를 강원도에 포함시키도록 했습니다. 일본이 했던 선언보다 거의 4년 앞서 발표된 건데 일본이 이 내용을 몰랐을 리 없죠."

"하지만 거기서 말하는 건 독도가 아니라 석도잖아요?"

일본 팀 종수가 물었다. 지영이 차분한 목소리로 대답했다.

"석도石島는 돌섬이란 뜻으로, 울릉도에 새로 살게 된 주민들이 같은 뜻으로 독도를 '독섬'으로 불렀어요. 지금도 울릉도민들은 독섬, 돌섬이라 부르고요. 독섬을 한자로 쓰면서 독도獨島가 돼요."

"독도의 독獨 자는 '혼자'라는 뜻인데 무슨 소리예요?"

"독섬을 한자로 뜻을 살려 쓰면 '석도', 음을 살려 쓰면 '독도'가 됩니다."

"그건 한국의 해석입니다!"

종수에 이어 같은 팀 호준이 나섰다.

"독도를 조선 땅이라고 했다면 왜 교과서에는 이렇게 기록하지 않았습니까?"

1889년 대한 제국에서 만든 교과서에는 동쪽의 경계를 130도 35분이라고 했어요. 독도를 포함시키지 않은 거예요.

"교과서요?"

지영의 눈이 동그랗게 커졌다. 호준이 반전을 시도하고 있었다. 종수가 조용히 준비한 종이판을 꺼냈다.

"이건 《대한지지》라는 1899년 대한 제국에서 만든 지리책입니다. 여기에 한국의 위치가 나와 있는데, 동쪽 경계를 동경 130도 35분이라고 했습니다."

"그런데요?"

지영의 눈빛에 뭔가 불안한 기색이 지나갔다.

"독도의 경도가 어떻게 되는지 알아요?"

"경도요? 경도 위도? 그야……."

"동경 131도 52분입니다. 이게 뭔 말이냐면, 한국의 동쪽 경계 바깥에 독도가 있다는 이야기지요. 그러니까 대한 제국 교과서에는 독도를 영토에

《대한지지》의 내용

현채라는 사람이 만든 《대한지지》의 내용에 대해서는 조선이 좌표를 측량할 기술이 없어서 서양 지도를 참조하면서 생긴 일이라는 추정이 있다. 당시 서양 지도는 울릉도를 두 개 그려 놓고 각각 죽도와 송도라고 표시했는데, 이런 지도를 참조했기 때문에 실제로는 울릉도인 섬을 독도라고 생각해 그곳의 경도를 옮겨 온 것이라는 것이다. 또 일본의 책을 참고했기 때문에 생긴 일이라는 설명도 있다.

넣지 않은 겁니다. 조선의 땅이 아니었기 때문입니다."

지영이 선생님을 쳐다보았다. 천천히 호준이 든 종이판을 살펴본 후 선생님이 말했다.

"내용이 정말 그렇게 되어 있네? 130도 35분……."

한국 팀 아이들이 자기들끼리 심각한 표정으로 얘기를 나누자 교실에서는 아이들의 웅성거리는 소리가 들렸다. 호준이 숨을 크게 내쉬었다.

해방 후 독도의 귀속 문제

"거기에 대해서는 한국 팀이 준비가 안 된 것 같네. 《대한지지》라는 책 이름은 나도 들어 본 적이 없어요. 일본 팀이 대단한 걸 찾아냈군. 책 이야기는 그 정도로 하고, 토론을 계속 진행해요."

선생님이 호준을 보며 미소를 지었지만, 호준의 얼굴은 더 이상 뭔가 해낸 표정이 아니었다. 만족과 불만이 뒤섞여 있는 것 같았다. 선생님의 독려로 다시 토론이 시작되었다. 한국 팀의 지영이 어렵게 말문을 열었다.

"어……. 독도가 한국 영토인 것은 태평양 전쟁이 끝난 뒤 연합국들에 의해서도 확인된 사실입니다. 1946년 연합국 최고 사령부는 지령 제677호에서 제주도, 울릉도와 함께 독도를 대한민국 영토로 한다고 분명히 밝혔습니다."

종수가 나설 차례였다. 마음은 싸움에 지친 소의 심장을 칼로 겨누는 투우사의 심정이었다.

"연합국 최고 사령부가 인정하기는 했어도, 그건 임시적인 겁니다. 한국이나 일본의 땅이 어디까지인지를 최종으로 정한 건 샌프란시스코 조약입니다."

"샌프란시스코 조약은 1964년의 연합국 최고 사령부의 결정을 기준으로 이해해야 합니다."

"중요한 건 샌프란시스코 조약입니다. 조약에서 독도는 한국의 영토에 포함되어 있지 않습니다. 이것은 미국 등 많은 나라가 독도를 일본의 땅으로 인정한 것입니다."

"샌프란시스코 조약은 한국이 참여하지 못한 상태에서 맺어진 겁니다. 조약 내용이 그렇게 된 것도 일본이 로비를 해서 그런 거고요."

샌프란시스코 조약

연합국 최고 사령부는 일본이 항복한 후 1945년부터 1952년까지 실질적으로 일본을 통치했다. 당시 최고 사령관은 맥아더 장군이었다. 샌프란시스코 조약은 1951년 미국을 비롯한 제2차 세계 대전에서 승리한 연합국 48개국이 일본과 맺은 조약이다. 이 조약에서 일본은 제주도, 거문도 그리고 울릉도를 포함하는 한국에 대한 권리를 포기한다고 되어 있다.

"자기 나라의 이익을 위해서 한 건데 로비가 왜 문제인가요? 한국이 조약을 맺을 때 못 들어온 건 한국이 대마도가 한국 땅이라는 등 이상한 말을 해서 그런 거 아닙니까?"

종수의 얼굴을 뚫어져라 보는 한국 팀 지영의 눈매가 매서웠다.

"어떻게 그게 이유가 돼요? 한 나라의 영토를 정하는 데 당사국을 빼는 게 말이 되나요? 한국은 분명히 유엔이 인정한 나라인데?"

"아무튼 샌프란시스코 조약은 독도를 한국 땅에서 뺐고, 많은 나라가 이

사실을 인정했습니다. 샌프란시스코 조약은 독도의 영유권에 대한 가장 확실한 법입니다."

종수는 이렇게 말해도 되는 건가 싶었지만, 말하는 동안에 자신도 모르게 주먹에 힘이 들어갔다. 한국 팀 지영이 책상 위의 종이 더미에서 하나를 꺼내며 말했다.

"샌프란시스코 조약에 독도가 한국 땅으로 표시되어 있지 않더라도 독도가 일본 땅이 되는 건 아닙니다."

"왜요? 한국 땅이 아니면 일본 땅이 되는 거지……."

"독도 문제가 담긴 샌프란시스코 조약의 내용을 제대로 알려면 그게 어떻게 이루어진 건지 과정을 제대로 알아야 합니다."

"무슨 말입니까? 조약에 분명히 독도가 한국 땅이 아니라고 써 있는데?"

종수는 주먹이 풀어지면서 뭔가 불안한 느낌이 들었다.

"당시 연합국은 조약을 맺을 준비를 하면서 합의했습니다. 독도를 한국의 땅으로 한다고요."

"그렇지만……."

종수의 말을 지영이 막았다.

"더 들어 보세요. 그래서 조약 초안을 만들 때 독도를 한국 땅에 넣었고요. 그런데 미국이 일본의 부탁을 받아 초안 내용을 바꾼 거예요. 독도를 빼는 거로요."

"……."

"독도를 그냥 한국 땅에서 빼기만 한 게 아니라 일본 땅에 포함시키는 초

샌프란시스코 평화 조약 초안

샌프란시스코 평화 조약을 만들 때 초안이 아홉 차례 나왔다. 이 중 5차까지는 독도는 분명히 한국 영토로 표시되어 있었다. 그러나 6차 초안에서는 일본 땅으로 되었다가, 7차와 8차 초안에서는 한국 영토와 관련된 조항에서 독도가 아예 빠졌다.

안을 냈고, 이에 대해서 호주하고 뉴질랜드, 영국에서 항의를 했어요. 왜 원래 합의한 대로 하지 않느냐고요."

한국 팀 지영의 얘기는 반대편 토론자의 발언이 아니라 옛날이야기처럼 들렸다. 모두 지영의 얼굴만 쳐다보고 있었다.

"그래서 미국이 독도를 일본 땅에 넣은 안을 빼고, 독도를 한국에도 일본에도 포함시키지 않은 조약을 만든 거예요. 그때 뉴질랜드가 영국이 만든 지도처럼 두 나라의 경계선을 그어 주어야 나중에 싸움이 안 난다고 했는데, 미국이 받아들이지 않았어요."

지영이 종이판을 꺼내자 원우가 그걸 들었다.

"이게 영국이 만든 지도인데, 일본 땅이 어디까지인지를 선으로 표시해 놓았어요. 여기 보면 독도는 선 밖에 있어요. 한국 땅이라는 거죠."

일본 팀 현희가 고개를 빼고 지영이 가리키는 지도를 보다 생각난 듯 종수를 툭 쳤다. '왜?' 하는 표정으로 현희를 돌아보던 종수가 말했다.

"그런데요? 어쨌든 그 지도는 채택이 안 됐잖아요."

"예, 그러니까 지금의 샌프란시스코 조약은 독도를 일본 땅으로 만들려고 했던 일본과 미국의 얘기가 빠진 거고, 따라서 조약에 독도가 한국 땅으로 표시 안 됐다는 이유로 일본 땅이라고 할 수 없다는 겁니다."

"조약은 써 있는 그대로 봐야죠. 조약에는 일본 영토가 아닌 것이 표시돼 있고, 거기에 독도는 없습니다."

일본 팀 종수가 힘 있는 목소리로 말했다. 같은 팀 현희와 호준이 고개를

끄떡였다.

"샌프란시스코 조약 내용은 조약이 만들어진 과정도 함께 고려해서 받아들여야 한다니까요? 그래서 일본 신문도 독도가 빠진 일본 지도를 보도한 겁니다."

"……."

"1952년 일본 〈마이니치 신문〉이 낸 '일본 영역도'를 보면 죽도, 그러니까 오늘날 우리가 말하는 독도가 제외되어 있어요."

종수는 아까 찌른 게 투우의 심장이 아니었나, 아니면 심장에 찌른 게 칼이 아니었나, 생각했다. 뭔가 지영의 페이스에 말려든 느낌이 들었다. 말을 마친 지영이 갑자기 생각이 난 듯 다시 말했다.

"샌프란시스코 조약대로 한다면 일본은 왜 러시아 땅으로 되어 있는 쿠릴 열도가 자신의 땅이라고 영유권을 주장해요?"

현희와 호준을 쳐다보았지만 '그게 뭔데?' 하는 표정만 되돌아왔다.

쿠릴 열도 분쟁

쿠릴 열도는 일본 홋카이도에서 러시아 캄차카 반도까지 점선 형태로 이어지는 여러 개의 섬을 말한다. 1875년에 이곳은 일본 영토가 됐으나, 1945년부터 러시아 영토가 되었다. 샌프란시스코 조약은 일본이 쿠릴 열도의 권리를 포기한다고 규정했다.

국제 재판, 일본은 요구, 한국은 반대!

"한 나라가 혼자 자기네 땅이라고 주장하는 것만으로는 부족해요. 다른 나라에까지 인정을 받아야죠. 미국은 폭격 연습을 하기 위한 장소로 독도를 정하면서 일본과 협상을 했습니다. 그건 독도가 일본 땅이기 때문입니다."

일본 팀 종수가 다시 입을 열었다.

"일본 땅이어서 그랬다면 왜 한국이 항의를 하니까 폭격 구역에서 독도를 뺐지요? 그리고 독도를 폭격 연습장으로 하려고 했던 건 일본이 유도한 거잖아요?"

지영의 목소리가 약간 올라갔다. 종수는 그럴수록 침착하려고 애썼다.

"그건…… 독도가 일본 땅이니까 그런 거죠."

"일본 땅이라는 주장이 자신 없으니까 아예 폭격해 버리려고 한 거겠죠."

"자신 없는 건 한국 아니에요?"

"어째서요?"

"미국에다 독도를 한국 땅으로 인정해 달라고 편지를 보냈잖아요."

"샌프란시스코 조약에서 독도를 한국 땅에서 빼려고 하니까 그런 거죠. 그게 왜 문제입니까?"

"하지만 미국이 독도를 한국 땅으로 인정하지 않는다는 내용의 러스크 서한을 보냈죠?"

"미국이 독도에 미군 기지를 만들 수 있게 해 준다는 일본 말만 듣고 그런 거죠."

"어쨌든 미국은 독도를 일본 땅이라고 인정한 겁니다."

"앞서 샌프란시스코 조약에 대해 이야기할 때도 말했지만, 지금 미국은 독도에 대해 중립입니다."

"그건 한국이 독도를 점령했기 때문입니다. 일본도 한국처럼 하려 들면 전쟁이 일어날 수도 있으니까……."

"점령이 아니라 독도에 해안 경비대를 보낸 겁니다."

"그 전에 섬에 들어가 있었잖아요."

일본 팀 종수의 말에 지영이 종이를 들추어 보며 말했다.

"아, 해안 경비대가 독도에 간 건 1956년이네요. 1954년에 독도 의용 수비대가 있기는 했지만, 민간인들이 자발적으로 한 거예요."

"거기서 일본 배에 총도 쏘고 그랬습니다. 그래서 미국은 전쟁을 막기 위해……."

"자꾸 일본이 독도에 오니까 지키려고 한 거죠. 아무튼 미국이 독도를 일

러스크 서한

1951년 8월 10일 미국 국무부 차관보는 일본이 포기하는 영토에 독도를 넣어 달라는 한국 요청을 거절하는 서한을 한국에 보냈다. 러스크 서한으로 알려진 이 문서에는 독도가 한국의 일부로 취급된 적이 전혀 없고, 1905년 무렵부터 일본의 관할이었으며 한국에서 영유권 주장을 한 적이 없다고 되어 있다.

본 땅으로 인정하고 있는 건 아닙니다."

한국 팀 지영과 일본 팀 종수 사이의 논쟁이 한 치의 양보 없이 치열했다. 두 팀의 다른 토론자들뿐만 아니라 교실의 아이들도 심각한 표정으로 듣고 있었다. 다만 두 팀의 다른 토론자들은 언제든 논쟁에 뛰어들 자세로 바짝 긴장된 얼굴을 하고 있었다.

"한국 땅으로 보고 있는 것도 아니죠. 이렇게 두 나라 사이에서는 해결이 안 되니까 공정하게 국제 사법 재판을 받아서 결정하자는데, 한국은 왜 응하지 않는 겁니까?"

"독도 영유권 문제는 일본이 한국을 침략하면서 생긴 문제입니다. 엄연히 한국 땅인데 독도 문제를 왜 국제 재판소에서 다룹니까?"

"어느 나라 땅인지 싸움이 계속되고 있잖아요."

일본 팀 현희가 끼어들었다. 지영이 현희를 보며 말했다.

"일본이 자꾸 문제를 일으키니까 그렇죠."

"일본이 가만히 있으면 아무런 문제가 없어요."

한국 팀의 세진이 지영의 말을 거들었다. 그러자 일본 팀 호준이 나섰다.

"자기 나라의 땅 문제인데 어떻게 가만히 있습니까?"

"일본이 억지를 부리는 거죠."

일본 팀 종수가 세진의 말을 받았다.

"한국이나 일본이나 영토 문제니까 그냥 물러설 수 없는 거잖아요. 그러니까 재판을 통해 해결하는 게 맞죠."

종수의 말을 한국 팀 지영이 받았다.

국제 사법 재판

일본은 1954년 독도 영유권 문제를 국제 사법 재판소에서 해결하자고 한국에 제안했으나, 한국은 응하지 않았다. 국제 사법 재판소는 분쟁 상태에 있는 당사국이 함께 해결을 청구해야 열린다. 일본이 원해도 한국이 응하지 않으면 재판은 열리지 못한다.

"독도는 분명히 한국이 실효적으로 지배^{어떤 땅을 실제로 다스리는 나라의 지배권이 인정되는 것}하고 있는 땅입니다. 재판을 할 이유가 없어요."

"실효적 지배란 다른 나라로부터 항의를 받지 않을 때 얘기죠."

"일본이 항의를 한 건 1954년 이후입니다."

지영을 향해 일본 팀 호준이 인상을 썼다.

"그게 무슨 상관이에요?"

"한국은 1948년에 독도 영유권에 대해 유엔의 인정을 받았고, 그 전에도 연합국 최고 사령부가 독도는 한국에 속한다고 확인했어요. 그때 일본은 아무런 항의를 하지 않았잖아요."

"그때 일본은 미국의 통치를 받고 있었습니다. 항의할 수 있는 상황이 아니었어요."

"일본이 전쟁을 일으켜서 그런 거죠."

다시 한국 팀 세진이 나섰고, 이것을 현희가 받아쳤다.

"일본이 뒤늦게 항의를 했어도 그건 독도 영유권 문제와 상관없어요. 어쨌든 일본이 전쟁을 일으킨 건 맞고, 그래서 전쟁 전으로 모든 걸 되돌리자는 거잖아요."

"전쟁 전으로 되돌려 놓으려면 독도도 한국에 돌려줘야 맞죠."

"맞아요, 독도는 일본이 몰래 훔쳐 간 거니까 무효로 해야죠."

한국 팀 원우의 말에 호준이 흥분한 표정으로 몸을 들썩였다.

"시마네현 고시는 전쟁과 상관없어요. 자기 땅을 자기 땅이라고 공식적으로 선언한 건데, 그게 어떻게 땅을 훔쳐 간 거예요?"

"일본 혼자 하는 게 무슨 선언이에요?"

호준이 원우를 향해 말하려는데, 같은 팀 현희가 지영을 보며 말했다.

"한국이 불리하니까 재판을 안 하려는 거 아니에요?"

한국 팀 세진이 인상을 쓰며 말했다.

"재판을 할 이유가 없으니까 안 하는 거죠."

"이유가 왜 없어요? 다툼이 있으니까 하는 거지……."

토론이 점차 말싸움이 되어 가자 선생님이 나섰다.

"그만, 그만! 예상은 했지만 이러다간 끝이 없겠어요. 이미 나올 얘기는 다 나온 것 같으니 오늘 토론은 이 정도로 합시다."

교실이 갑자기 조용해졌다. 종수는 책상 위에 흐트러져 있는 자료들을 추스르는데 왠지 쓸쓸한 마음이 들었다. 나 오늘 잘한 건가?

함께 정리해 보기
독도 영유권에 대한 한국과 일본의 쟁점

일본의 주장	논쟁이 되는 문제	한국의 주장
한국 역사에서 울릉도에 대한 기록은 있어도 독도 기록은 없다.	한국이 독도를 인식한 시기	신라 때 우산국을 정벌하면서 이미 독도를 인식했다.
나라의 죄를 피하기 위해 거짓 진술을 했다.	안용복의 활동	독도가 조선 땅임을 일본 정부에 확인받았다.
국제법적으로 영유권을 분명히 하기 위한 것이다.	1905년 일본 영토 편입 선언	일본이 한반도를 침탈하는 과정에서 조선 땅을 빼앗은 것이다.
일본이 포기해야 할 땅에서 독도는 제외되어 있다.	샌프란시스코 조약	연합국이 인정한 한국의 독도 영유권을 재확인하는 조약이다.
두 나라 사이에 분쟁이 있는 곳이므로 재판으로 해결해야 한다.	국제 재판	한국이 실효적 지배를 하는 곳이므로 재판할 이유가 없다.

7장 동해인가, 일본해인가?

같은 바다를 두고 한국은 '동해', 일본은 '일본해'라고 해서 논쟁이 되고 있어. 각자의 나라에서는 편한 대로 불러도 되겠지만, 세계 지도에 어떻게 표기할지를 두고 양보 없는 논쟁이 이어지고 있지. 먼저 한국과 일본이 각각 주장하는 바다 이름이 어떤 역사를 갖고 있고, 그 의미가 무엇인지 알아보자. 또 국제 수로 기구에서 일본해라고 결정해서 세계 여러 나라가 이 기준에 따라 지도를 만들고 있는데, 어떻게 일본해로 정해지게 됐는지, 이에 대한 한국의 입장을 일본의 주장과 비교해서 살펴보자.

일본 팀

일본해는 세계에서 가장 많이 사용되는 이름이야. 18세기와 19세기에 만들어진 지도 대부분이 일본해로 썼어. 지금도 세계 많은 나라의 지도에서 동해보다는 일본해라고 많이 쓰고, 바다 이름을 정하는 국제 수로 기구에서도 일본해라고 하고 있어. 이것은 일본해가 세계에서 가장 친숙한 이름이며 국제적으로 인정받는 이름이라는 사실을 보여 줘. 동해는 한국만을 기준으로 한 것으로, 다른 나라에서는 동해로 바꾸자는 요구가 없어.

한국 팀

동해는 2천 년 전부터 써 온 바다 이름이야. 일본해라는 이름이 쓰인 건 200년밖에 안 돼. 현재 일본해가 많이 쓰이는 건 국제적으로 표기할 바다 이름을 한국이 일본에게 나라를 빼앗겼을 때 정했기 때문이야. 그러므로 한국의 의견이 들어간 이름으로 바꿔야 해. 여러 나라가 함께 있는 바다의 이름을 한 나라의 이름을 따서 표기하는 건 옳지 않아. 동해는 일본의 바다가 아니잖아?

동해인가, 일본해인가?

역사 토론은
우리가 옳았다는 걸 확인하는 게 아니다!

종수네 팀이 역사 토론이 끝나고 학교를 나서려는데 아이들 몇몇이 앞을 지나가며 낮고 힘이 들어간 목소리로 말했다.
"어이, 일본 사람들! 독도를 일본에 넘겨주면 좋겠어?"
"뭐?"
호준이 눈을 부라리며 주먹을 쥐었다. 현희가 호준을 말리며 말했다.
"왜 그래? 가상 토론인 거 몰라?"
"토론 대회라도 그렇지. 일본 사람 다 돼서 일본 편을 들던데?"
"편을 든 게 아니라 일본 주장이 뭔지를 말했을 뿐이야."

종수가 가방을 땅바닥에 내려놓고 여차하면 싸울 기세로 말했다.

"그래도 어느 정도여야지. 어떻게 일본 사람들보다 더해?"

"누가 일본 팀이 되어 토론을 하든 마찬가지야. 하려면 제대로 해야지."

"아예 일본으로 가지?"

한 아이가 다가섰고 호준과 종수도 물러서지 않았다.

"선생님한테 이를 거야. 빨리 가!"

현희가 다급하게 말했다.

"그래, 가야지. 일본도 갖고 오면 어떡해. 히히."

아이들이 히죽거리며 등을 돌려 걸어갔다. 아이들이 멀어져 가는 걸 지켜보다 호준이 말했다.

"우리가 너무 잘했나?"

"흐흐, 맞아. 그랬나 보다."

현희가 맞장구를 쳤다. 종수도 피식 웃음이 나왔다.

"그래, 우리 잘했어."

"원래 악역을 잘해야 훌륭한 배우인 거야."

"그래, 다음에는 지영이네가 악역을 하겠지."

호준의 말에 현희가 고소하다는 표정을 지었다. 손을 모아 "힘내자!"를 외치고 헤어졌다. 그래도 집으로 돌아가는 종수의 발걸음이 무거웠다. 일본에 가서 한국에 실망한 마음에 좀 지나치게 말한 건 아닐까 하는 생각도 들었다. 그러면서도 지고 싶지 않은 마음은 또 뭔가 싶었다.

맥없이 걷고 있는데 뒤에서 누군가 불렀다. 긴장된 마음으로 돌아보았다.

"집에 가니?"

지영이었다.

"어……. 넌?"

"학원."

지영의 짧은 대답 뒤 아무도 말이 없었다. 어색한 침묵에 나란히 걷는 걸음도 어색했다. 종수는 자꾸 발끝에 뭔가 차이는 것 같았다.

"너…… 토론 잘하더라."

지영이 말했다.

"어? 아니, 무슨. 네가 훨씬 더 잘하더라."

"아냐, 너랑 토론하면서 당황한 적 많아."

"에이, 뭘. 너희가 일본 팀 할 때는 진짜 일본 사람 같더라."

"너희는 아닌 것 같아?"

"그런가?"

다시 침묵이 흘렀다. 종수는 자기도 뭔가 얘기를 해야 한다는 마음이 들었지만 아무 말도 떠오르지 않았다.

"너희는 토론 준비 어떻게 하니?"

이번에도 침묵을 깬 건 지영이었다.

"뭐, 그냥 인터넷에서 검색하고 서점에 가서 책 찾아보고 그래. 너희는?"

"우리도 비슷해. 인터넷에서는 어느 사이트에 많이 가?"

"검색하다 보면 카페나 블로그에 자료가 많아. 거기서 이야기할 만한 거 찾아서 정리하지 뭐. 그리고 도서관에서 사서 선생님한테 여쭤보면 관련 책을 찾아 주셔."

"그렇구나. 뭐, 우리도 마찬가지야. 동북아역사재단nahf.or.kr에 자료가 많던데, 가 봤어?"

"아니, 몰랐어."

"비밀로 할 걸 그랬나?"

"어? 그런 거였어?"

"후후, 너희가 모르는 정보를 우리가 갖고 있으면 토론할 때 유리하잖아, 안 그래?"

"그런데 왜 얘기했어?"

"알고 있을 줄 알았지. 뭐, 또 알면 어때."

"자신 있다는 얘긴가 보네."

"히히, 그럴 리가."

지영과 얘기를 하다 보니 종수는 어느새 기분이 나아졌다. 어색한 기분도 사라졌다.

"그런데 가끔 그런 생각이 들어. 자료들이 잘 정리돼서 보기는 편한데 이 안에 일본이 주장하는 내용들도 다 있는 걸까, 그런……."

"왜, 틀린 게 있는 것 같아?"

"아니, 그게 아니라 동북아역사재단도 그렇고 우리가 보는 자료가 다 우리나라에서 만든 거잖아. 그럼 아무래도 일본 얘기보다는 한국 주장이 더 많이 소개되고, 그렇지 않겠어?"

"일본도 한국처럼 자기네 주장을 알리는 데가 있을 거고, 거기서는 한국 주장을 비판하는 자료가 더 많겠지?"

"그러니까 한국 자료만 봐서는 일본 주장을 제대로 다 알 수 있을까, 뭐 그런 생각이 든다는 거지."

"그럴 수도 있겠다. 아무래도 자기 나라의 입장이 먼저겠지……."

종수의 머리에 한국과 일본의 아이가 만나 역사 토론을 하는 장면이 떠올랐다. 서로 말이 다르니 통역이 있어야겠지. 언어가 다른 건 통역으로 해결되는데, 역사를 보는 입장이 다른 건 어떻게 하나? 그런 걸 해결해 주는 통역도 있을까?

"너 한국 팀 하기 싫다는 거 정말이야?"

지영이 종수를 살피듯 물었다. 종수가 당황한 사람처럼 고개를 저었다.

"아냐, 그런 거 아니야. 호준이가 괜히……."

"생각이 좀 달라진 건 맞지?"

"잘 모르겠어. 그냥 그래."

"우리나라가 틀릴 수도 있다는 거, 싫은데 자꾸 그런 생각이 드는 거……. 그럴 수 있어."

"……."

"처음엔 우리나라가 무조건 옳다, 한국 팀이 되면 무조건 이길 수 있다고 생각했는데 점점 우리나라 주장에 대해 의심이 들지? 내가 잘못된 건가 싶고. 그런 생각을 하고 있는 거 맞지?"

"……."

"너는 우리나라가 주장하는 게 틀렸다고 생각해?"

"응? 아니야. 아니…… 실은 잘 모르겠어."

말하고 나니 종수는 자신의 말이 정말 어정쩡하다 싶었다.

"어떤 주장은 분명히 맞는 거 같은데, 어떤 주장은 정말 맞는지 헷갈려."

지영이 고개를 끄떡였다.

"난 우리나라 주장이 틀렸다고는 생각 안 해. 역사 토론을 하면서 분명히 옳다고 더 확신하게 된 것도 있고, 조금 더 고민해 봐야겠다고 생각하게 된 것도 있지만."

지영의 말이 무슨 뜻인지 알 것 같았다. 종수는 자기 생각도 그렇게 표현

하면 적당할 것 같았다.

"그 전에는 당연히 우리나라 주장이 옳다고 생각했는데, 이제는 왜 옳은지 알게 됐어. 또 다른 나라 말도 들어 봐야 하고, 그 말이 다 틀린 것도 아니라는 것도."

"……."

"우리나라 주장이라고 해서 무조건 옳을 수는 없잖아. 그러면 일본도 그렇지 않겠어? 일본의 주장을 무조건 틀렸다고 볼 게 아니라 틀린 이유가 있어야지."

"우리나라가 옳다고 생각한다면 옳은 이유가 있어야 하고……."

종수가 지영의 말을 따라하듯 말했다.

"우리나라 주장이 옳은지 아닌지 따져 본다고 우리나라를 사랑하지 않는 게 아니잖아. 우리나라 주장이 왜 옳은지 알면 더 사랑하게 되는 거지. 잘못된 게 있으면 고치는 거고. 그런 게 진짜 나라를 사랑하는 일이 아닐까?"

"……."

"그리고 역사 토론은 우리가 옳은 걸 확인하기 위한 게 아니잖아? 문제가 무엇인지 알기 위해 하는 거고, 그래서 앞으로 같은 문제가 안 일어나게 하려고 하는 거지."

"지영이 너 되게 똑똑한 것 같다."

"내가 좀 그렇지, 히히! 실은 우리 언니가 말해 준 거야. 나도 좀 혼란스러웠거든."

장난스럽게 웃는 지영의 머리가 햇빛을 받아 눈부시게 찰랑거렸다.

동해는 어디의 동쪽 바다인가?

　마지막 역사 토론 날. 종수는 울적하고 찜찜하던 마음이 모두는 아니지만 많이 사라졌다. 이전의 승부욕과는 다른 의욕이 생기는 것 같았다. 자리에 앉다가 맞은편의 지영과 눈이 마주쳤다. 지영이 가볍게 미소 지었다. 옆에 있던 세진이 '뭐 하냐?'는 표정으로 종수를 쳐다보았다. 종수가 얼결에 들었던 손을 황급히 내렸다.

　"오늘 토론 주제는 지난번에 정한대로 '동해인가, 일본해인가?'예요. 마지막 역사 토론이니까, 뭐 지금까지 잘해 왔지만, 특히 더 멋진 끝내기를 합시다. 자, 모두 박수!"

　선생님의 말과 함께 한동안 교실에 박수 소리가 울려 퍼졌다. 박수가 멈추고 지영이 일본 팀의 입장 발표를 했다.

　"일본해는 세계에서 가장 많이 쓰이는 이름입니다. 18세기와 19세기에 만들어진 지도의 대부분이 일본해로 표기하고 있습니다. 지금도 세계 많은 나라의 지도에서 동해라는 이름보다는 일본해를 많이 쓰고, 바다 이름을 정하는 국제 수로 기구에서도 일본해라고 하고 있습니다. 이것은 일본해가 세계에 가장 친숙한 이름이며 국제적으로 인정받는 이름이라는 뜻입니다. 동해로 바꿔야 한다는 건 한국만을 기준으로 한 이름으로 바꾸자는 말이며, 한국만의 의견이지 다른 나라에서는 그런 요구가 없습니다. 따라서 이제 와서 바다 이름을 바꿀 이유가 없습니다."

　"예, 일본의 입장을 간결하게 잘 정리해 줬군요. 이제 한국의 입장을 들어 봅시다."

"동해는 2천 년 전부터 써 온 바다 이름입니다. 동해라는 이름은 《삼국사기》 동명왕 기록에 나오는데, 이때가 기원전 59년입니다. 일본해라는 이름이 쓰인 건 200년밖에 안 됩니다. 현재 국제적으로 일본해가 더 많이 쓰이는 건 한국이 없는 상태에서 바다 이름을 정했기 때문입니다. 그때는 한국이 일본의 식민지였으니까요. 그러므로 한국의 의견이 들어간 이름으로 바뀌어야 합니다. 여러 나라가 함께 있는 바다의 이름을 한 나라의 이름을 따서 표기하는 건 옳지 않습니다. 동해는 일본의 바다가 아닙니다."

호준이 차분한 목소리로 한국 팀의 입장을 발표했다.

"좋아요. 오늘도 아주 치열한 토론이 예상되네요. 그렇다고 너무 흥분하지 않도록 조심하고……. 이제 본격적인 토론으로 들어갈까요?"

"동해가 일본의 바다가 아니라고 했는데, 그러면 한국 바다란 겁니까?"

일본 팀 원우가 먼저 포문을 열었다. 호준이 여유 있는 표정으로 대답했다.

"그런 뜻이 아닙니다."

"한국의 동쪽 바다라는 거 아니에요?"

"한반도와 연결된 아시아 대륙의 동쪽을 말하는 겁니다."

"한국, 북한하고 러시아까지 포함해서라는 거죠?"

"예."

"러시아에서 보면 남해가 맞죠."

"한국이나 러시아 같은 특정 나라가 아니라 대륙 전체의 관점으로 봐야죠. 유라시아_{유럽과 아시아를 아울러 부르는 이름}의 동쪽 바다로 말입니다."

"동해라는 이름이 2천 년 전부터 나왔다고 했는데, 어떻게 유라시아의 동쪽이라는 뜻이 될 수 있어요? 그때 한국은 유라시아의 존재를 몰랐는데 말이죠. 그리고 유라시아의 동쪽 바다면 오호츠크해나 베링해를 동해라고 해야죠. 결국 동해는 한반도의 동쪽 바다라는 뜻 아닙니까?"

일본 팀 원우가 추궁하듯 물었다.

"한반도 기준이 아닙니다. 광개토 대왕비에 동해에 대한 얘기가 나오는데, 이때 고구려는 중국 만주까지 이르는 넓은 영토를 갖고 있었기 때문에 동해라고 칭한 것입니다."

"그러면 남해라고 하는 게 맞죠."

"그게 어떻게 남해가 되요?"

한국 팀 호준의 말투가 평소의 모습으로 돌아갔다.

"만주에서 보면 그렇죠."

"왜 만주에서만 봐요? 고구려 땅이 거기만 있었던 게 아닌데."

"아까 만주까지, 아니 러시아 땅 있는 데까지를 기준으로 해서 동쪽이라

오호츠크해
러시아 동쪽과 캄차카 반도 서쪽에 있는 바다를 말한다. 베링해는 시베리아와 알래스카 사이의 바다다. 이 책의 216쪽 지도에서 일본 열도의 1시 방향으로 이어지는 점선이 쿠릴 열도이며, 그 점선이 끝나는 곳에 캄차카 반도가 있다.

면서요? 그럼 남쪽이죠."

평소의 조용하던 원우가 아니었다. 뭔가 단단히 벼른 사람처럼 보였다. 호준도 그걸 느꼈다.

"동해는 단순히 방향을 나타내는 게 아니라, 2천 년 역사를 통해 이루어진 이름입니다."

"그렇지만 결국 한국을 기준으로 한 이름이잖아요."

"그게 아니라……."

"근거로 든 《삼국사기》나 광개토 대왕비 이야기는 다 동해가 한국의 역사에 나왔다는 거잖아요? 그래서 동해가 가장 오래전에 사용된 이름이라고 했고요."

"……."

"한국의 서해, 남해처럼 동해는 한국의 동쪽에 있는 바다란 뜻입니다. 그런데도 동해가 한국을 기준으로 한 이름이 아니라는 건 말이 안 됩니다."

한국 팀 호준이 반박할 말을 찾는지 눈을 껌벅거렸다. 잠시 후 눈빛을 바꾸며 호준이 말했다.

"동해가 한국의 동쪽 바다라면, 일본해는 일본 바다라는 거 아니에요?"

호준으로서는 반격을 시도한 것이지만 원우는 예상한 거라는 표정이었다.

"일본해라는 이름은 일본 바다라는 뜻이 아닙니다."

"분명히 일본이라는 말이 들어 있는데, 왜 아니라고 해요?"

"이 지도를 봐요. 일본해는 여기 보이는 것처럼 태평양 북쪽의 바다가 일본 영토인 일본 열도로 나뉘기 때문에 붙여진 이름입니다."

원우가 종이판의 지도를 펜으로 가리키며 말했다. 호준이 물었다.

"바다 이름을 그런 방식으로 붙이는 건 누가 정한 겁니까?"

"바다 이름 붙이는 국제적인 방식이 그래요."

"그 방식은 바다를 부르는 이름이 없을 때나 적용하는 거지요."

"하지만 동해는 한 나라만을 기준으로 하는 이름이잖아요."

"일본해도 마찬가지죠."

"일본해는 일본이란 나라가 아니라, 땅 이름을 기준으로 해서 붙인 이름이에요."

"나라를 기준으로 했든 땅 이름을 기준으로 했든 그게 그거 아닙니까? 그래서 일본 바다로 오해될 수 있는 거고요."

"일본해는 일본 소유의 바다라는 뜻이 아니라니까요."

원우와 호준이 옥신각신하는 것을 지켜보던 선생님이 나섰다.

"아, 서로 얘기가 맴돌고 있어요. 동해와 일본해 이름에 대해 서로 반대하는 이유를 말한 정도로 마무리하고, 다른 주제로 넘어갑시다."

일본해라는 이름은 어떻게 정해졌나?

"일본해가 일본과 상관없는 거라면 이름을 바꾸는 것에 일본이 나설 필요가 없는 거 아니에요?"

한국 팀 현희가 이해가 안 된다는 표정으로 말했다.

"그건 다른 문제죠. 어쨌든 이미 국제적으로 정해진 이름이 있는데 그걸 바꾸려 하니……."

원우의 말이 끝나기도 전에 현희가 빠르게 말을 쏟아 냈다.

"일본해라고 하는 게 일본에 이득이니까 반대하는 거겠죠. 그리고 일본이 국제 수로 기구에 바다 이름이 일본해로 올라가게 한 거 아닙니까?"

국제 수로 기구라는 말이 나오자 일본 팀 세진이 눈을 크게 뜨며 말했다.

"바다 이름은 세계 여러 나라가 모여서 함께 정한 거예요."

"동해를 일본해로 표기하도록 한 게 일본이 아니란 건가요?"

"일본해가 아니었던 걸 일본해로 한 게 아닌데, 뭐가 잘못됐습니까?"

"동해를 일본해로 바꿨잖아요? 한국이 일본 지배를 받고 있었던 틈을 타서……."

국제 수로 기구

1919년 국제 수로 회의(IHC)를 개최하면서 만들어진 국제기구로, 바다의 국제 표준 이름을 정한다. 회원국들의 오랜 논의를 통해 1929년 《해양과 바다의 경계(S-23)》라는 책자를 만들었다. 여기서 일본해라는 이름이 사용됐고, 이후 세계 각국의 지도에서 일본해로 표기되는 계기가 되었다. 1937년과 1953년에 각각 2판과 3판이 발간되었는데, 이 책에서도 계속 일본해라고 표기하였다.

"그거랑 바다 이름은 상관없어요."

"왜 상관이 없어요? 한국이 자기주장을 할 수 없는 상태에서 일방적으로 일본해라고 정한 건데."

한국 팀 현희가 눈을 부릅뜨며 말했다.

"일본해라는 이름은 그 전에 이미 세계 지도에서 다 쓰이고 있었어요."

세진이 지도가 그려진 종이판을 꺼내며 말을 계속했다.

"이건 1602년에 중국에서 만들어진 세계 지도 〈곤여 만국 전도〉예요. 여기에도 일본해라고 돼 있어요. 그 후에도 서양에서 나온 지도는 거의 다 일본해라고 썼어요. 국제 수로 기구는 이 사실을 인정한 거예요."

"일본해라고 쓴 지도도 있지만 한국해라고 쓴 것도 많아요."

"그렇지만 조사한 걸 보면 일본해라고 한 지도가 80퍼센트가 넘습니다. 일본문화원에서 19세기에 만들어진 지도 21개를 조사했는데, 일본해라고 쓴 지도가 18개, 조선해라고 하거나 두 이름을 같이 쓴 지도가 각각 한 개, 아무 표시가 없는 지도가 한 개였어요."

"그건 일본이 조사해서 내린 통계잖아요. 옛날 지도를 다 조사한 것도 아니고……."

말끝을 흐리는 현희의 말을 일본 팀 지영이 받아쳤다.

"그렇다고 한국에서 모든 지도를 다 조사한 것도 아니잖아요? 어차피 모든 지도를 조사할 수는 없는 일이고, 일본은 조사한 내용을 바탕으로 통계를 내렸을 뿐입니다."

"그런 조사는 큰 의미가 없다는 말이에요. 한국해라고 한 지도도 있고 동양해라고 한 것도 있는데, 바다 이름을 통일된 기준으로 만든 게 아니기 때문에 동해를 가리키는 이름이 지도마다 제각기 다른 것입니다. 일본의 오래된 지도 중에도 조선해라고 표기한 것들이 있으니까요."

"한국도 일본해라고 했죠."

이렇게 말하는 지영의 표정이 웃는 듯 마는 듯 묘했다. 그걸 알아차린 듯 현희가 시선을 피했다.

"……."

"대한 제국 지리책인 《대한지지》에는 분명히 대한 제국 영토를 설명하며 동해라 하지 않고 일본해라고 했잖아요."

지영의 말을 듣고 호준이 피식 웃었다. 독도 토론을 하면서 일본 팀으로서 호준이 제시했던 자료를 입장이 바뀐 지영이 써먹었기 때문이다. 웃음을 참고 종수가 말했다.

"일본이 조선해라고 하거나 조선이 일본해라고 칭한 건 그 이름을 인정해서가 아닙니다. 그때는 바다 이름이 지금처럼 큰 문제가 아니었습니다."

"예, 좋아요. 중요한 건 국제 수로 기구에서 이름 정할 때 일본해라는 이름이 세계에 가장 많이 알려져 있었다는 겁니다."

"꼭 그렇지도 않습니다. 한국에서 조사한 걸 보면 일본해보다 동해나 한국해라고 표기한 지도가 더 많아요."

"그건 한국이 조사한 내용이니 그럴 수 있죠. 그리고 한국 자료는 동양해라고 한 것도 동해 통계 안에 포함시켰는데, 동양해는 빼야죠."

"그럼 일본 자료도 일본이 조사해서 일본에 유리하게 통계가 나온 것이겠네요?"

종수의 말에 이어 같은 팀 현희가 항의하듯 말했다.

"동양해도 동해를 가리키는 건데, 왜 뺍니까?"

"동양해는 서양에서 본 '동양의 바다'라는 뜻입니다."

"그런 뜻이 있다 해도 동해 말고 다른 바다를 말하는 게 아니죠."

"서양 지도에서 동해라는 이름을 인정해서 동양해라고 쓴 게 아니란 겁니다."

"한국 조사를 봐도 19세기에는 일본해가 더 많아요."

일본 팀 세진이 다시 나섰다.

"서양은 그때 한국보다 일본하고 더 일찍 그리고 더 많이 교류했으니까

어떻게 표기한 지도가 많을까?

동북아역사재단에서 정리한 자료에 따르면 한국 조사에서는 762종 지도 중 일본해라고 표기한 지도가 122종, 동해나 한국해라고 한 것은 440종이다. 일본의 조사에서는 1,872종 지도 중 일본해라고 표기한 지도가 1,399종, 동해나 그 밖의 이름으로 한 것은 306종이다. 동해는 영어로 East Sea 또는 Eastern Sea로 표기하고, 동양해라는 뜻의 Oriental Sea로 표기된 지도도 있다.

그럴 수 있죠. 어느 나라하고 더 많이 교류했는지로 바다 이름을 정하는 건 옳지 않아요."

"국제 수로 기구는 세계에 가장 많이 알려졌고, 익숙한 이름으로 바다 이름을 정합니다. 바다 이름을 정할 당시 세계에 더 많이 알려진 이름은 일본해였고, 그러니 일본해가 되는 게 맞죠."

"맞긴 뭐가 맞아요? 여러 나라가 있는 바다를 한 나라 이름으로 하는 게 맞아요?"

한국 팀 현희가 쏘아붙이듯 말했다.

"일본해를 반대하는 건 한국밖에 없잖아요. 러시아도 일본해라 부르고 있고……."

"러시아가 그렇다 해도 한국이 반대하잖아요. 북한도 그렇고."

두 나라가 다투는 바다 이름, 어떻게 정해야 하나?

"세계 여러 나라가 함께 결정해서 쓰고 있는 이름을 한 나라가 반대한다고 바꾸는 건 말도 안 돼요."

세진이 말에 힘을 주었다.

"애초에 잘못 정한 걸 바르게 바꾸는 건데 뭐가 말이 안 됩니까?"

한국 팀 호준이 금방이라도 일어날 듯 몸을 들썩이며 말했다. 그러나 곧 선생님의 시선을 눈치채고 몸을 바로 했다.

"한 나라에서 도로 이름 바꾸는 것도 얼마나 힘든 건데, 국제적으로 쓰고 있는 바다 이름을 바꾸면 얼마나 혼란스럽겠어요? 그러면 다른 나라들도 바다 이름을 다 자기들이 원하는 이름으로 바꿔 달라고 할 거 아니에요?"

"한국이 없던 바다 이름을 새로 만들자는 게 아니잖아요. 원래 동해가 일본해보다 먼저 쓰였고 세계 다른 나라에서도 사용된 건데……."

"지금 세계의 지도 중 90퍼센트 이상이 일본해라고 쓰고 있어요. 그걸 다 바꾸자는 거잖아요."

"이미 바꾸고 있어요."

"몇몇 나라가 동해라고 표기하고 있지만, 동해는 일본해라고 쓴 다음에 부수적으로 조그맣게 쓰는 이름일 뿐입니다."

"글자 크기가 중요한 게 아니라, 일본해만으로 쓰는 게 잘못이란 걸 받아들였다는 사실이 중요하죠."

일본 팀 세진이 볼멘소리로 말했다.

"그래 봐야 몇 나라 안 돼요. 대부분의 나라는⋯⋯."

"당장의 수가 아니라, 그렇게 표기하는 나라가 늘어 가고 있다는 점에 주목해야 합니다."

호준이 종이에 적힌 걸 보며 말을 이어갔다.

"2009년 한국에서 조사한 걸 보면 동해와 일본해를 함께 쓰는 비율이 28.1퍼센트이고, 2019년에는 40퍼센트까지 늘었다는 보도도 있어요. 또 2000년과 2005년 일본 정부가 조사한 결과에서도 동해와 일본해를 같이 쓰는 비율이 2.8퍼센트에서 18.1퍼센트로 증가했어요."

"그거야, 한국이 조사한 거니⋯⋯."

세진의 얼버무리는 듯한 말을 자르며 한국 팀 종수가 말했다.
　"다른 나라에서 어떻게 불렀느냐가 아니라 그 바다와 함께 사는 사람들이 어떻게 불렀고 부르느냐가 더 중요한 게 아닐까요? 국제기구는 그걸 반영해서 바다 이름을 정해야 하고……."
　선생님이 종수를 쳐다보았으나 그보다 종수는 지영의 시선이 느껴졌다.
　"그렇다고 한 나라를 기준으로 바다 이름을 정해서는 안 돼죠."
　일본 팀 원우가 조용한 목소리로 말했다.
　"동해는 오랜 역사가 있는 이름이에요. 서양에도 그런 예가 있고요."
　한국 팀 현희가 지도가 복사된 종이 한 장을 들며 말했다.
　"유럽에 '북해'라고 있어요. 영국에서 보면 동해, 덴마크에서 보면 서해이지만 모두 북해라고 쓰고 있어요. 북해라는 이름이 역사가 오래돼서예요. 그런데 동해는 유럽의 북해보다도 더 오래된 이름입니다."
　지도의 북해라는 글자에 동그라미를 그리는 현희의 손가락을 보며 원우가 말했다. 목소리에 기운이 없어 보였다.
　"일본해라는 이름도 오래된, 역사가 있는 이름입니다. 국제 수로 기구도 그걸 알았기 때문에 일본해로 정한 거고요."
　"1929년 국제 수로 기구의 결정은 다른 이름을 제대로 살펴보지 않고 일본의 주장만 받아들인 것이니까 이제 다시 결정하는 게 맞습니다."
　"바다 이름을 다시 정하고 안 정하고는 국제 수로 기구에서 결정할 일이고, 한국의 말만 듣고서 판단할 수는 없어요."
　"여러 나라가 함께 있는 곳의 지명은 그 나라들이 함께 협의해서 정하는 게 상식입니다."

"일본은 반대입니다. 일본으로서는 한국의 동해에 찬성할 수가 없죠. 만약에 일본이 서해로 하자고 한다면 한국은 찬성할 수 있겠어요?"

일본 팀 지영이 나섰다. 종수가 고개를 끄떡이며 말했다.

"그럴 수 없겠죠. 그러니까 일본도 한국이 일본해를 받아들일 수 없다는 걸 이해해야 합니다."

"한국이 일본해라는 이름을 받아들이지 못하는 건 반일 감정 때문에 그런 거 아니에요?"

"그럴 수도 있지만, 한국이 동해가 아니라 한국해라고 하자면 일본은 어떻겠어요?"

"그야, 뭐……."

지영이 말끝을 흐렸다. 그러자 호준이 벼르던 말을 꺼냈다.

"그래서 한국과 일본이 이름을 합의해서 써야 한다는 겁니다."

"합의가 되겠어요? 이미 일본해라고 정해져서 쓰이고 있는데, 일본이 뭐하러 굳이 이름을 바꾸려고 하겠어요."

일본 팀 세진의 말을 다시 종수가 받았다.

"그러면 두 이름을 함께 써야죠. 이름을 합의하지 못하면 각 나라에서 요구하는 이름을 함께 쓰는 게 원칙입니다."

"동해는 어느 나라에도 속하지 않는 바다인 공해입니다. 합의가 안 되면 두 나라에서 요구한 이름을 함께 쓴다는 원칙은 공해가 아닌, 두 나라 이상에 걸쳐 있는 만과 해협에 적용되는 겁니다."

> **바다 이름을 어떻게 합의할까?**
>
> 국제 수로 기구는 2개국 이상이 공유하고 있는 지형에 대해 나라마다 서로 다른 명칭이 사용되고 있을 경우에는 우선 당사국 간에 합의해서 동일한 명칭을 정하기 위해 노력해야 하며, 합의에 이르지 못할 때는 서로 다른 명칭을 함께 나란히 표기하도록 권고하고 있다. 유엔 지명 표준화 회의도 이러한 방식을 국제 지도 제작 원칙으로 권고하고 있다.

"한국이나 러시아의 영토인 바다도 포함돼 있습니다. 북한도, 일본도……. 그러니까 적용이 되는 겁니다."

동해의 이름, 두 나라의 합의로 정해야 한다

"음, 역시 재미있는 토론이었어요. 한국이나 일본의 주장을 잘 이해할 수 있는 토론이 된 것 같아요. 두 팀 모두 수고했어요. 우리 박수로 칭찬해 줄까요?"

아이들이 모두 힘껏 박수를 쳤다. 한국 팀 현희가 같이 박수를 치자 일본 팀의 세진도 따라 박수를 쳤다.

현희가 한국 팀의 정리 발언을 하기로 했다. 현희가 목을 가다듬고 차분한 목소리로 말을 시작했다.

"한국의 국가는 '동해'로 시작합니다. 한국 사람들에게 동해는 아주 오랜 역사를 가진 이름이며, 가장 친숙한 이름입니다. 이런 역사를 가진 한국으로서는 일본해라는 이름을 받아들일 수 없습니다. 국제적으로 바다 이름을 정할 때 한국은 참여할 기회가 없었기에 더욱 인정할 수 없습니다. 그렇다고 한국은 한 나라의 이름만을 써야 한다는 게 아닙니다. 일본에게도 일본 입장이 있는 거니까요. 그렇기 때문에 한국은 두 나라가 합의를 해야 하고, 합의할 때까지는 두 이름을 같이 써야 한다는 겁니다."

조금은 긴장한 듯한 현희의 목소리가 낭랑하게 교실에 울렸다. 아이들이 조용히 현희의 말에 귀를 기울였다.

종수는 눈을 감았다. 파도 소리가 들리는 것 같았다. 언제였던가? 가족

'동해' 이름에 대한 국제 수로 기구의 새로운 결정

2020년 11월 국제 수로 기구는 동해와 일본해 등의 지명 대신 고유 식별 번호로 바다 이름을 표기하기로 했다. 기존의 해도 제작 지침서 'S-23'의 4판을 만들지 않고 디지털 기반의 'S-130'을 내기로 하면서, 한국과 일본의 요구를 모두 받아들이지 않고 숫자로 된 식별 번호로 바다 이름을 표기하기로 했다.

들과 함께 새벽에 본 강릉의 바다였다. 구름 때문에 해 뜨는 걸 보지 못했지만 서서히 날은 밝아 왔다. 동해로 불리든 일본해로 불리든 그때처럼 그곳의 바다는 여전히 파랗게 출렁이겠지.

그러다 문득 떠오르는 게 있는 듯 종수가 눈을 번쩍 떴다. 원우가 일본 팀 정리 발언을 하고 있었다. 지영이 눈을 동그랗게 뜬 종수를 쳐다보고 있었다.

"서해는 문제가 없어?"

지영을 향해 종수가 목소리를 한껏 낮추며 말했다. 지영이 목을 앞으로 뽑고 쉰 목소리를 내며 반문했다.

"뭐?"

"서해는 중국하고 괜찮냐고?"

"안 들려. 나중에 말해."

함께 정리해 보기
동해 표기에 대한 한국과 일본의 쟁점

일본의 주장	논쟁이 되는 문제	한국의 주장
일본해는 근대 이후 세계에 가장 많이 알려진 이름으로, 태평양 북쪽이 일본 열도로 나뉘어서 붙은 이름이다.	바다 이름의 역사와 의미	동해는 일본해보다 훨씬 오랜 역사를 가진 이름으로, 유라시아의 동쪽 바다라는 의미이다.
세계 여러 나라가 함께 모여 정한 것으로, 정당한 결정이다.	국제 수로 기구의 '일본해' 표기 결정	한국이 일본 지배를 받던 시기에 정해진 것으로, 부당한 결정이다.
일본해로 표기한 지도가 압도적으로 많다.	세계 여러 나라 지도의 표기 방식	'동해-일본해'로 고쳐 쓰는 나라가 늘고 있다.
동해는 공해이기 때문에 병기 방식의 국제 원칙을 적용할 수 없다.	동해와 일본해 함께 쓰기	두 나라 사이에 다툼이 있는 경우 명칭을 병기하는 것이 국제 원칙이다.